Eckart zur Nieden
Von Philosophen und Teddybären

Eckart zur Nieden

Von Philosophen und Teddybären

Personen der Weltgeschichte
reden mit David über Psalm 139

ERF-VERLAG WETZLAR

R. BROCKHAUS VERLAG WUPPERTAL

ABCteam-Bücher erscheinen in folgenden Verlagen:

Aussaat Verlag Neukirchen-Vluyn
R. Brockhaus Verlag Wuppertal
Brunnen Verlag Gießen und Basel
Christliches Verlagshaus Stuttgart
Oncken Verlag Wuppertal und Kassel

© R. Brockhaus Verlag Wuppertal
und ERF-Verlag Wetzlar 2000
Umschlag: Dietmar Reichert, Dormagen
Gesamtherstellung: Breklumer Druckerei Manfred Siegel KG
ISBN 3-417-11193-5 (R. Brockh. V.)
ISBN 3-98562-425-X (ERF-Verlag)

INHALT

Ein Psalm Davids

Herr, du erforschest mich und kennest mich.
Ich sitze oder stehe auf, so weißt du es;
du verstehst meine Gedanken von ferne.
Ich gehe oder liege, so bist du um mich
und siehst alle meine Wege.
Denn siehe, es ist kein Wort auf meiner Zunge,
das du, Herr, nicht schon wüsstest.
Von allen Seiten umgibst du mich
und hältst deine Hand über mir.
Diese Erkenntnis ist mir zu wunderbar und zu hoch,
ich kann sie nicht begreifen.

Wohin soll ich gehen vor deinem Geist,
und wohin soll ich fliehen vor deinem Angesicht?
Führe ich gen Himmel, so bist du da;
bettete ich mich bei den Toten,
siehe, so bist du auch da.
Nähme ich Flügel der Morgenröte
und bliebe am äußersten Meer,
so würde auch dort deine Hand mich führen
und deine Rechte mich halten.
Spräche ich: Finsternis möge mich decken
und Nacht statt Licht um mich sein –,
so wäre auch Finsternis nicht finster bei dir,
und die Nacht leuchtete wie der Tag.
Finsternis ist wie das Licht.

Denn du hast meine Nieren bereitet
und hast mich gebildet im Mutterleibe.
Ich danke dir dafür, dass ich wunderbar gemacht bin;
wunderbar sind deine Werke;
das erkennt meine Seele.

Es war dir mein Gebein nicht verborgen,
als ich im Verborgenen gemacht wurde,
als ich gebildet wurde unten in der Erde.
Deine Augen sahen mich,
als ich noch nicht bereitet war,
und alle Tage waren in dein Buch geschrieben,
die noch werden sollten
und von denen keiner da war.

Aber wie schwer sind für mich, Gott, deine Gedanken!
Wie ist ihre Summe so groß!
Wollte ich sie zählen, so wären sie mehr als der Sand:
Am Ende bin ich noch immer bei dir.

Ach Gott, wolltest du doch die Gottlosen töten!
Dass doch die Blutgierigen von mir wichen!
Denn sie reden von dir lästerlich,
und deine Feinde erheben sich mit frechem Mut.
Sollte ich nicht hassen, Herr, die dich hassen,
und verabscheuen, die sich gegen dich erheben?
Ich hasse sie mit ganzem Ernst;
sie sind mir zu Feinden geworden.

Erforsche mich, Gott, und erkenne mein Herz;
prüfe mich und erkenne, wie ich´s meine.
Und sieh, ob ich auf bösem Wege bin,
und leite mich auf ewigem Wege.

Psalm 139

Salomo:
Ich breche zu neuen Ufern auf

Ich bin's, verehrter Herr Vater! Salomo!

Gott grüße dich, mein Sohn.

Ich wollte dich etwas fragen, zu dem Psalm. Aber lass mich vorher festhalten, dass dieses unser Gespräch nur fiktiv ist. Völlig frei erfunden. Es findet nur im Kopf statt, in der Phantasie, verstehst du?

Gut.

Ich weiß sehr wohl, dass man nicht die Toten befragen darf. Du hast mir selbst warnend erzählt, wie Saul damals in der Nacht vor der großen Philisterschlacht, die ihm und seinen Söhnen den Tod brachte, zur Hexe von Endor ging. Wie er den toten Samuel befragen wollte, auf den er nicht gehört hatte, als er noch lebte. Nein, solche Zauberei-Sünden sind dem Herrn ein Gräuel.

Denkst du daran, dass auch andere Sünden dem Herrn ein Gräuel sind?

Was willst du damit sagen, mein Vater?

Tote predigen nicht den Lebenden. Aber es ist auch nicht nötig. Wenn du in die Anfechtungen kommst – etwa die Anfechtungen des Reichtums und der Macht –, kannst du selbst wissen, was recht ist und was nicht. Ob du es dann allerdings wissen willst ...?

Ich werde immer, getreu deinem Vorbild, getreu der Erziehung Nathans, getreu meinem Versprechen beim Amtsantritt ...

Es ist gut, Salomo! Frage, was du fragen wolltest!

Zu dem Psalm. Mir ist da aufgefallen ...

Welcher Psalm? Ich habe viele gedichtet.

Ich weiß, und sie werden alle noch gern gesungen! Übrigens, ich bin auch ein wenig dichterisch tätig. Kleine Weisheiten nur, Sprüche, aber immerhin. Ich sammle auch Dichtungen anderer und Volksweisheiten.

Du bist bescheiden, mein Sohn. Das ist gut.

Also der Psalm. Er beginnt: »Herr, du erforschest mich und kennest mich.«

»Ich sitze oder stehe auf, so weißt du es; du verstehst meine Gedanken von ferne.«

Genau der Psalm. Da kommt doch die Stelle drin vor von den Flügeln der Morgenröte.

»Nähme ich Flügel der Morgenröte und bliebe am äußersten Meer, so würde auch dort deine Hand mich führen ...«

»... und deine Rechte mich halten.« Ich weiß, lieber, verehrter Vater, das ist dichterisch gemeint. Das mit den Flügeln der Morgenröte. Und auch das mit dem äußersten Meer. Du bist ja nie zur See gefahren ...

Du auch nicht.

Nein, aber ich habe fahren lassen. Und ich will noch mehr: Schiffe will ich bauen lassen, Tarsisschiffe.

Tarsisschiffe?

Ja. Große Segler. Wir haben keine Erfahrung mit so was, wie du weißt, aber unsere Nachbarn, die Phönizier. Sie segeln über alle Meere, erkunden neue Küsten, treiben Handel und werden reich dabei.

Und das willst du auch?

Ja. Wir erleben zurzeit einen wirtschaftlichen Aufschwung. Wir treiben Fernhandel und schmelzen Kupfer, wir pflegen die Kunst und verstärken die Armee, Gesandte aus aller Welt geben sich in Jerusalem die Klinke in die Hand ...

Wenn ich bedenke, wie ich, dein Vater, mich in der Wüste verbergen musste ...

Das ist alles vorbei! Und den Tempel haben wir gebaut, den du immer bauen wolltest. Ein Prachtbau, sage ich dir! Du hättest es nicht besser machen können! Vielen Dank für das Gold, das du mir zu dem Zweck hinterlassen hast. Ich bin sicher, ich habe es in deinem Sinn verwendet.

Ich freue mich darüber, mein Sohn. Möge der Tempel dir immer wichtiger sein als die Tarsisschiffe!

Ach ja, die Schiffe. Also, die gleichen Phönizier, die mir Zedernholz vom Libanon und Holzschnitzer und Steinmetzen für den Tempelbau geschickt haben, schicken mir nun Schiffsbauer von ihren Werften. Und Seeleute, um die Schiffe zu bemannen, wenn sie erst fertig sind. Wir bauen eine Werft in Eilat.

Ach, willst du nach Süden fahren? Oder nach Indien im Osten? Ich denke, du baust Tarsisschiffe.

Ja, sicher.

Nach Tarsis fährt man aber über das Mittelmeer.

Ja, schon ... äh ...

Was macht dich verlegen, mein Sohn?

Nun, ich könnte sagen, »Tarsisschiff« – das ist einfach bei den Phöniziern eine Bezeichnung für ein großes Schiff, egal, wohin es fährt. Aber ich gestehe, dass ich mir ein wenig Hoffnung mache, es könnte etwas dran sein an den Gerüchten ... es klingt verrückt, du wirst mich für einen Spinner halten ...

Wenn ich das täte, hätte ich dich nicht zu meinem Nachfolger bestimmt.

Es geht das Gerücht, man könne um Afrika herumfahren. Aber die Phönizier lassen sich nicht in ihre Karten gucken. Man erzählt, man könne so weit nach Süden fahren, dass die Sonne hoch im Norden steht. Und dann um das Land herum – und nach Tarsis. Was hältst du davon?

Über das Mittelmeer ist der Weg näher.

Natürlich – aber man könnte an der ganzen Küste Afrikas entlang Handel treiben. Was das für einen Reichtum einbrächte! Du hast doch die Übersicht. Wie ... gut, du verrätst mir nichts, was man nur aus dem Himmel erkennen kann. Aber du warst ja noch ein Mensch auf dieser Erde, als du das geschrieben hast von dem äußersten Meer.

Ach, jetzt kommen wir wieder auf den Psalm zurück.

Ja. Du hast doch vieles prophetisch gesehen. Gott hat dir die Augen geöffnet für Dinge, die man sonst nicht sieht. Es kann doch sein, dass du wusstest, wie es aussieht am Rand der Welt.

Segele hin, mein Sohn, und sieh selbst nach!

Hm. Weißt du, man sagt auch, es soll viel Gold geben im Land Ofir. Das könnte ich doch ... hm. Wenn Gott mir nur so wie dir die Augen öffnen würde für die Geheimnisse unserer weiten Welt.

Wenn Gott Menschen die Augen öffnet, dann selten für Gold, viel lieber für seine Herrlichkeit. Gold blendet eher den Blick für das Wesentliche.

Ist das eine Kritik an meinen Plänen, Vater?

Wie gesagt, Tote predigen nicht den Lebenden. Aber wenn du es als Kritik nehmen willst, widerspreche ich nicht.

Aber was hast du gemeint in diesem Vers mit den Flügeln der Morgenröte, die bis zum äußersten Meer tragen?

Es steht doch da! Lies nur genau! Am äußersten Meer mag es Handelsgüter geben oder Gold oder noch andere Schätze – oder auch gar nichts von all dem. Eins ist da aber auf jeden Fall: die Hand Gottes. Seine Rechte hält uns auch dort.

Jona:
Gott gebraucht auch Versager

Dass du ein König warst, David, weiß in unserem Volk jedes Kind. Aber ich frage mich: Warst du außerdem auch ein Prophet?

Es kommt darauf an, was du darunter verstehst. Von Beruf war ich keiner, aber vielleicht von Berufung.

Ich bin ein Prophet von Beruf. Jona ist mein Name, der Sohn Amittais. Aber ich ... ach, lassen wir das, reden wir lieber von dir.

Nein, reden wir erst von dir. Wie kann man sagen, dass man ein Prophet sei, und dann mit »aber« fortfahren? Bei Gottes Beauftragung gibt es kein »aber«.

Bei mir doch. Gut, ich erzähle es dir. Ich schäme mich zwar jedes Mal, wenn ich es erzähle, aber meine Zeitgenossen kennen die Geschichte sowieso.

Es kann sehr hilfreich sein, sich über sein eigenes Versagen zu schämen. Das klärt das Verhältnis zu Gott. Siehe meinen Psalm, den ich nach dem Ehebruch mit Batseba und dem Mord an Uria schrieb: »Gott, sei mir gnädig nach deiner Güte ...«

»... und tilge meine Sünde nach deiner großen Barmherzigkeit.« Ja, ich kenne den Psalm, und er trifft ziemlich gut meine Gemütslage. Ich wollte allerdings über einen anderen Psalm mit dir reden.

Aber vorher wolltest du mir deine Geschichte erzählen.

Richtig. Also in groben Zügen: Gott gab mir den Auftrag, nach Ninive zu gehen und dort Buße zu predigen. Du musst wissen, Ninive ist nicht mehr zu vergleichen mit dem, was es zu deiner Zeit war. Riesengroß, eine Millionenstadt! Man sagt das so, natürlich hat niemand genau gezählt, wie viele Menschen da leben, aber es ist atemberaubend, wenn du sie siehst. Mit einer gewaltigen Mauer umgeben. Reich, groß, stark und entsprechend stolz. Und dieser Stadt sollte ich sagen, dass sie in vierzig Tagen untergehen werde.

Gottes Gerichte sind ernst.

Dachte ich auch. Verdient hätten sie's. Und wenn ich in deinem Psalm lese: »Ach Gott, wolltest du doch die Gottlosen töten!«, oder: »Sollte ich nicht hassen, Herr, die dich hassen, und verabscheuen, die sich gegen dich erheben?«, dann weiß ich, du verstehst mich.

Ich verstehe dich. Aber Gott denkt manchmal ganz anders als wir. Und als wir meinen, dass er denken müsste.

Genau! Die Befürchtung hatte ich auch. Wie, wenn Gott nun Ninive gnädig ist? Dann war meine Prophezeiung falsch, werden die Niniviten sagen! Sie wissen ja nicht, dass Gott in seiner Barmherzigkeit bei jeder Strafandrohung im Sinn hat, der Sünder soll umkehren, damit er ihm wieder gnädig sein kann.

Und du hattest erstens Angst, dich zu blamieren, wenn deine Gerichtsandrohung sich nicht erfüllt, zweitens vielleicht auch Angst, was sie wohl mit dir machen, wenn du ihren Untergang verkündigst, und drittens wolltest du gar nicht, dass Gott ihnen gnädig ist, weil es Israels Feinde sind.

Du scheinst ein guter Menschenkenner zu sein, David.

Ich kenne mich selbst.

Das erleichtert es mir, meine Geschichte weiterzuerzählen. Ich wollte also nicht. Als mein Gewissen – oder Gott oder was sonst es war – mir keine Ruhe ließ, floh ich. In die entgegengesetzte Richtung, nach Westen.

Dort ist das Meer.

Ich suchte ein Schiff, denn die Küste war ja immer noch Einflussgebiet Gottes, und wollte nach Tarsis fahren, ganz weit drüben in Iberien, hinter den Säulen des Herakles, wenn du weißt, was das ist. Ich ahnte ja nicht, dass Gott auch über das Meer herrscht.

Allerdings.

Ja, siehst du, du weißt es. Das habe ich in diesem Psalm gelesen.

»Wohin soll ich gehen vor deinem Geist, und wohin soll ich fliehen vor deinem Angesicht?«

»Nähme ich Flügel der Morgenröte und bliebe am äußersten Meer« – und jenseits der Säulen des Herakles liegt wohl das äußerste Meer –, »so würde auch dort deine Hand mich führen und deine Rechte mich halten.« Aber so weit kam ich gar nicht. Schon auf dem inneren Meer holte Gott mich ein.

Wie?

Ein Sturm. So, wie ich es noch nie erlebt habe und wohl auch die Seeleute nicht. Wir sahen das Ende kommen. Die Matrosen glaubten, ein Gott wollte einen von ihnen strafen – womit sie ja auch gar nicht so falsch lagen –, und würfelten, wer das wohl sei. Dreimal darfst du raten, wen es traf.

Da ist wohl nicht viel zu raten.

Stimmt. Sie warfen mich ins Meer, und ich sträubte mich auch nicht. Ich wusste ja, dass ich den Tod verdient hatte.

Aber du lebst noch, wie ich sehe.

Durch ein Wunder. Wenn ich dir das erzähle, wirst du glauben, ich fabuliere.

Ich habe auch viele Wunder erlebt und werde dir aufs Wort glauben.

Ein großer Fisch verschluckte mich und trug mich drei Tage lang mit sich herum, bis er mich schließlich an Land spuckte.

Das ist allerdings wirklich verblüffend. Aber Gott ist groß und allmächtig. Halleluja!

Hab ich auch gesungen: Halleluja. Noch im Bauch des Riesenviehs. Mehr tot als lebendig, aber ich habe Gott gelobt.

Und dann bist du doch nach Ninive gegangen?

Was blieb mir anderes übrig! Ich predigte – und sie taten Buße! Sie jammerten über ihre Sünde, fasteten und bekleideten sich mit Jutesäcken statt ihrer kostbaren Gewänder. Ich hätte es nie für möglich gehalten, dass meine Worte diese Wirkung haben könnten!

Vielleicht, weil es letztlich Gottes Worte waren.

Eine richtige Erweckungsbewegung. Echte, tiefernste Buße. Und da – dreimal darfst du raten, was geschah!

Auch da gibt es nichts zu raten. Wenn ein Sünder umkehrt, ist Gott gnädig.

Genau! Ich habe mich erst maßlos geärgert, weil ich gerne dieses Ninive in Feuer und Schwefel hätte untergehen sehen. Aber Gott hat mich korrigiert. Wieder ein Grund, mich zu schämen.

»Erforsche mich, Gott, und erkenne mein Herz.«

Das sind die letzten Verse in dem Psalm, nicht wahr? »Prüfe mich und erkenne, wie ich's meine.«

Das müssen auch Boten Gottes immer wieder erbitten.

Wohl wahr! Aber was mich an deinem Psalm besonders fasziniert hat, David, ist dein klarer Blick für die Allgegenwart Gottes. »Ich sitze oder stehe auf, so weißt du es. Ich gehe oder liege, so bist du um mich und siehst alle meine Wege. Von allen Seiten umgibst du mich und hältst deine Hand über mir.«

Und dann die Sache mit dem Meer, nicht wahr?

Genau. Obwohl da ein Detail nicht ganz auf meine Geschichte zutrifft.

Ach?

Ja, die Flügel der Morgenröte. Die müssten einen nach Osten tragen, wo die Sonne morgens aufgeht. Ich floh ja eher mit den Flügeln der Abendröte, wenn man so will, nach Westen.

Aber wenn Gott überall ist ...

Klar, das war jetzt auch eher als Scherz gemeint.

Du bist wohl ein humorvoller Mensch?

Ich? Nein, ich bin eher eine Jammergestalt von einem Propheten. Aber ich habe den Eindruck, meine Geschichte ist von Gott so geführt, dass die Leute etwas zum Schmunzeln haben. Zum Schmunzeln über die Unzulänglichkeiten, die Schwächen, die Mittelmäßigkeit der Leute Gottes, ja, ihre Lächerlichkeit. Aber dass sie staunen und sich freuen über Gottes Güte.

Wie Recht du hast!

Ich glaube, David, dass du ein Prophet warst. Mehr als ich. Du hast das alles damals schon so klar erkannt, das mit der Gegenwart Gottes bei uns, überall und jederzeit und in jeder Lage. Ich dagegen war der Berufsprophet, sozusagen, und hatte keine Ahnung von diesem großen, wunderbaren Geheimnis.

Aber jetzt weißt du es doch!

Sicher, aber ich musste es erst schmerzlich erfahren.

Meinst du, ich nicht? Ich wusste es auch nicht von Anfang an. Ich habe es auch erst erlebt und dann in Worte gefasst.

Ach so.

Wem geht es nicht so, mein lieber Jona, dass er zunächst in die Irre geht – gedanklich oder ganz praktisch – und dann korrigiert ihn Gott und bringt ihn zurecht? Das ist es ja gerade, was unseren Gott so anbetungswürdig und uns dankbar macht.

Du hast Recht. Ich werde öfters mit deinen Worten beten: »Und siehe, ob ich auf bösem Wege bin, und leite mich auf ewigem Wege!«

Mausolos:
Jeder denkende Mensch
möchte Spuren hinterlassen

Anfangs habe ich gedacht, du wolltest mich verhöhnen, Kollege David. Aber ich nehme das zurück. Als ich mich näher mit deinem Psalm befasste, merkte ich, dass es dir um ein ernsthaftes Anliegen ging.

Wie könnte ich dich verhöhnen, wo ich gar nicht weiß, wer du bist.

Oh – entschuldige! Ich vergaß, mich vorzustellen. Die Macht der Gewohnheit. Sonst kennen mich alle. Und für die Sonderfälle gibt es ja immer noch den Herold. Also, ich bin Mausolos, Satrap des persischen Großkönigs. Aber eigentlich fast ein selbständiger Herrscher. Das persische Kernland ist weit und der Einfluss auf uns hier an der Westküste Kleinasiens gering.

Aha. Na, schön für dich. Aber wieso hätte ich dich verhöhnen sollen?

Wegen meines Mausoleums.

Wegen was?

Das ist mein Grabmal. Ich habe es schon zu meinen Lebzeiten in Halikarnassos errichten lassen. Ein riesiger Quader mit einem Tempel oben drauf mit 36 Säulen. Das Dach ist eine Pyramide, gekrönt von einem marmornen Viergespann. Ein wunderschöner Fries läuft herum und kündet allen, die es sehen, schon von weitem ...

Ein Grabmal?

Ja, ein Prunkbau, wie es ihn noch nie gab. Sicher, die ägyptischen Pyramiden sind noch größer. Du kennst sie ja oder hast zumindest davon gehört. Die standen ja schon, als deine Vorfahren als Sklaven in Ägypten waren. Mit solchem würdevollen Alter kann mein Mausoleum natürlich nicht mithalten. Aber in unserer Zeit ist es einmalig. Und vor allem ist es künstlerisch viel wertvoller als die einfache geometrische Form einer Pyramide. Es gehört zu den sieben Weltwundern. Wie die Pyramiden.

Verstehe ich das richtig – du hast so ein riesiges und kostbares Bauwerk errichten lassen, nur damit du nach deinem Tode hineingelegt wirst?

Das war doch bei den Pharaonen in Ägypten genauso! So ungewöhnlich ist das also nicht. Die eingebildeten Philosophen und Dichter in Griechenland machen sich lustig über die vielen Steine über meinem Leichnam. Deshalb bin ich – ich gebe es zu – etwas empfindlich an dem Punkt und dachte, du wolltest auch einige Spitzen auf mich loslassen. »Bettete ich mich bei den Toten« oder »Finsternis möge mich decken und Nacht statt Licht um mich sein« oder wo du vom Gebein im Verborgenen sprichst. Aber wie gesagt, ich reagiere vielleicht etwas übersensibel, wenn es um mein Mausoleum geht. Als ich genauer nachlas in deinem Psalm, sah ich natürlich, dass es da um etwas ganz anderes geht.

Allerdings!

Obwohl ich die Thematik, die mich beschäftigt, auch in deinem Psalm entdecke.

Die Frage nach Gott?

Nein, die interessiert mich nicht so. Ich meine die Frage nach Zeit und Ewigkeit. »Leite mich auf ewigem Wege«, so beschließt du dein Lied. Also wird dich die Tragik der Vergänglichkeit auch umgetrieben haben.

Alles Irdische ist vergänglich. Ewig ist nur Gott und wer zu ihm gehört.

Ja, ja, ich weiß, dass du so denkst. Aber ich kann dir da nicht folgen. Versteh mich recht – ich kritisiere deine Haltung nicht! In religiösen Dingen soll man tolerant sein. Ich gebe sogar zu, dass es einen gewissen Reiz hat, sagen zu können: »Am Ende bin ich noch immer bei dir.« So hast du es in dem Psalm formuliert. Doch, doch, das kann einem zweifellos ein Gefühl der Geborgenheit geben. Aber es setzt natürlich voraus, dass man es auch glaubt. Und eben das tue ich nicht.

Verstehe ich dich richtig, Kollege Mausolos, dass du die uralte Menschheitsfrage nach dem ewigen Leben mit einem prachtvollen Grabmal lösen willst?

Aus deiner Frage höre ich schon den Spott heraus!

Und aus deiner Antwort höre ich deine Empfindlichkeit heraus.

Also gut, reden wir nüchtern von einem ernsthaften Thema. Du hast dir doch sicher als kluger Mensch, der du zweifellos warst, auch darüber Gedanken gemacht: Was bleibt, wenn ich die Welt verlasse? Habe ich die Welt durch mein Leben wenigstens ein kleines Stück zum Positiven verändert? Oder meinetwegen auch zum Negativen.

Aber redet überhaupt noch jemand von mir nach ein paar Jahren oder gar nach einigen Generationen? Oder bin ich dann einfach nicht mehr da – verschwunden von der Erde, aus dem Gedächtnis, aus den Geschichtsbüchern, als hätte es mich nie gegeben? Ist das nicht ein erschreckender Gedanke? Und ist der dir nie gekommen?

Wenn ich deinen Psalm lese, glaube ich das nicht.

Diese Fragen haben mich auch beschäftigt, Kollege Mausolos. Aber wenn du genau liest, wirst du feststellen, dass ich eine Antwort gefunden habe. Nur Gott kann mich auf ewigem Wege leiten. Und er selbst ist das Ziel dieses Weges. Mein Leben bekommt seinen Wert nicht durch den Eintrag in Geschichtsbücher oder dadurch, dass ferne Nachkommen noch mit Hochachtung von mir sprechen. Denn davon habe ich nichts. Es bekommt seinen Wert dadurch, dass ich mit und für meinen Herrn im Himmel lebe.

Mach dich nicht frommer, als du bist, Kollege David! Du wolltest auch einen Tempel bauen, aber erst dein Sohn Salomo hat es fertig gebracht. Ich habe mich erkundigt.

Weil Gott es so wollte. Außerdem sollte das kein Denkmal für einen Menschen sein, sondern ein Ort der Anbetung Gottes.

Schön, aber dir war es wichtig, dass du der Gründer einer Dynastie von Königen warst. Das kommt auf dasselbe raus. Was hast du davon, dass deine leiblichen Nachfahren auf dem Thron Israels sitzen!

Hm. Da hast du nicht ganz Unrecht, ich gebe es zu.

Nicht ganz Unrecht oder Recht?

Es gibt da noch das andere Motiv, das du nicht bedacht hast: Wenn meine Nachkommen die Königswürde tragen, erfüllt sich ein Versprechen Gottes. Neben dem Menschlichen, was ich nicht bestreiten will, spielt also auch das Geistliche eine Rolle. Aber ich will mir nichts vormachen. Ich habe immer gebetet: »Erforsche mich, Gott, und erkenne mein Herz; prüfe mich und erkenne, wie ich's meine.«

Ich mache dir ja keinen Vorwurf. Ich sage nur: Jeder denkende Mensch möchte gerne Spuren hinterlassen.

Und das hast du vor, indem du deine große Mausefalle ... oh, entschuldige, ich wollte nicht spotten, es ist mir nur so herausgerutscht. Also, indem du das Mausoleum der Nachwelt hinterlässt, hoffst du, dass spätere Generationen groß von dir denken.

Ja. Ich gebe zu, es ist nicht sicher, ob ich es damit erreiche. Wenn ich zum Beispiel an das Gespött der eingebildeten Griechen denke. Aber ich weiß nichts Besseres. Ich habe nichts anderes.

Armer Mausolos!

Arm? Ich habe ein riesiges Vermögen, obwohl ich schon eins für das Mausoleum ausgegeben habe! Die Wirtschaft meiner Satrapie, meines Reiches ...

Ich meine nicht deine Schatzkammer, Mausolos. Ich rede von einer anderen Art Reichtum oder Armut.

Du meinst das mehr geistig, nicht wahr?

Du hast ein gewaltiges Vermögen für dein Grabmal ausgegeben und hoffst, dadurch in die Geschichte einzugehen. Millionen Menschen, die sich das nicht leisten können, verschwinden also mit ihrem Tod aus der Geschichte und der kollektiven Erinnerung.

Natürlich. Man kann ja nicht Millionen Mausoleen hinstellen. Und wenn, würde das Einzelne auch nicht mehr auffallen und darum nichts nützen.

Du glaubst, dass das Einzigartige dieses Baus deinem Leben eine ewige Bedeutung gibt?

Ja. Ich hoffe es zumindest.

Da weiß ich einen besseren Weg. Der ist außerdem billiger. Der Ärmste kann Gott danken, dass er einzigartig ist. Und er kann beten: »Ich danke dir dafür, dass ich wunderbar gemacht bin. Deine Augen sahen mich, als ich noch nicht bereitet war, und alle Tage waren in dein Buch geschrieben, die noch werden sollten und von denen keiner da war. Wie schwer sind für mich, Gott, deine Gedanken! Wollte ich sie zählen, so wären sie mehr als der Sand: Am Ende bin ich noch immer bei dir.«

Aristoteles:
Ich pflege erst hinzusehen und dann nachzudenken

Ich habe die Freude, mit König David zu sprechen, nicht wahr?

Es würde mich freuen, wenn es dir eine Freude wäre. Und mit wem habe ich das Vergnügen?

Aristoteles ist mein Name. Aus Griechenland. Du weißt, wo Griechenland ist, oder Hellas, wie wir sagen?

Aber sicher! Natürlich war das Weltbild zu meiner Zeit begrenzt. Aber in einer Regierungszentrale laufen doch viele Informationen zusammen. Damit du mir glaubst: Man segelt nach Norden, dann an der kleinasiatischen Küste entlang nach Westen, überquert die Ägäis, was nicht so gefährlich ist, wie es sich anhört, weil es dort viele Inseln gibt, wo man bei unerwartet aufkommendem Sturm vor Anker gehen kann, und schon ist man da.

Richtig. Bis auf eins: Zu meiner Zeit, sieben Jahrhunderte nach dir, gehören auch die erwähnten Inseln zu Griechenland. Sogar die Küste Kleinasiens haben Hellenen besiedelt.

So ist es in der Weltgeschichte – mal wird das eine Volk groß, dehnt sich aus, gewinnt Macht, dann das andere. Meine Zeit war auch eine des Aufbruchs, des Wachstums. Aber vielleicht wolltest du gar nicht darüber mit mir sprechen?

Nein, David. Ich bin kein König. Ich bin Philosoph. Natürlich interessieren sich Philosophen auch für das Thema, das du angesprochen hast. Ja, ich möchte fast sagen, dieses Auf und Ab, dieser Wechsel von Größe und Bedeutungslosigkeit in der Geschichte, ist ein beliebter Stoff für philosophische Betrachtungen. Aber ich sprach dich wegen einer anderen Frage an. Es geht um einen deiner Psalmen.

Verzeih, wenn ich zurückfrage: Was ist ein Philosoph?

Wörtlich übersetzt: ein Freund der Weisheit. Der Stand der Philosophen genießt in unserer Kultur großes Ansehen. Es sind Menschen, die sich über die Geheimnisse hinter den offensichtlichen Dingen Gedanken machen. Zum Beispiel hat einer – übrigens aus den neuen Kolonien in Kleinasien – gelehrt, dass es winzige Teilchen gibt, die er Atome nennt, die Unteilbaren. Aus denen setzt sich alles Stoffliche zusammen. Und die Atome hängen, vermutet er, mit winzigen Häkchen wie Kletten aneinander. Ein anderer lehrte, dass alle Dinge, die wir sehen, nur die Schattenbilder von den eigentlichen Dingen seien, die er Ideen nennt. Wieder ein anderer ... aber ich will dich nicht langweilen, König David. Ich weiß aus mancher schmerzlichen Erfahrung, dass nicht alle für solche Gedanken Interesse haben. Vielleicht bist du auch mehr für Handgreifliches zu haben als für Abstraktes.

Die Geheimnisse hinter dem Sichtbaren haben mich immer interessiert. Vorausgesetzt, was darüber gesagt wurde, war nicht bloße Spekulation.

Eben! Genauso denke ich. Meine Vorgänger, die so genannten Naturphilosophen, später Sokrates und Platon – sie alle spekulierten. Und ich habe den Verdacht, dass sich ihre Phantasie dabei zu weit von der Realität entfernt hat. Deshalb wollte ich immer einen anderen Weg gehen: erst beobachten! Sehr genau beobachten! Und erst, wenn man alles Wissen zusammengetragen hat, das sich mit unseren fünf Sinnen gewinnen lässt, dann darf man sich auch an Überlegungen heranwagen, wie das alles zustande kam und wie alles funktioniert. Ich bin sehr vorsichtig. Ich will keine wirklichkeitsferne Philosophie. Je genauer wir zuvor hinsehen, desto treffender sind auch die Schlüsse, die wir aus der Beobachtung ziehen.

Das scheint mir einleuchtend.

Logisch sagen wir. Das kommt von Logos: das Wort oder die Lehre.

Schön. Aber was habe nun ich damit ...

Dazu komme ich jetzt. Verzeih die lange Vorrede, aber sie war nötig. Mir kam auf verschlungenen Wegen eine Abschrift eines deiner Lieder in die Hände, übersetzt von einem Griechisch sprechenden Juden in Kleinasien. Ihr nennt das wohl Psalm. Eine schöne Dichtung übrigens. Wäre fast eines Homers würdig.

Den Herrn kenne ich nicht.

Ist auch nicht so wichtig. Es geht mir ja nicht um die sprachliche Schönheit deines Liedes, sondern um die Aussagen darin. Besonders eine ...

Darf ich raten? Dich beschäftigt die Feststellung darin, dass Gott überall ist. Dass er uns unsichtbar immer umgibt.

Nein, das eigentlich weniger. Natürlich interessiert mich das auch, aber Ähnliches haben auch manche unserer Philosophen schon angedeutet.

Ach – wirklich? Ich dachte, ihr habt auch nur diese Götter aus Holz oder Stein. Und die primitive Vorstellung von Göttern, die sich in Menschen verlieben und Halbgötter zeugen, die neidisch und eifersüchtig sind und ...

Das ist alles zwar noch die offizielle Lehre. Aber von den ernst zu nehmenden Denkern glaubt das keiner mehr. Wir sind im Umbruch, könnte man sagen. Die alten religiösen Vorstellungen eignen sich noch hervorragend für das einfache Volk. Und vor allem als Stoff für Dichter, Dramatiker und Bildhauer. Aber – ganz ehrlich –, dass es diesen Zeus oder diese Venus tatsächlich gibt, glaubt nicht mal der Steinmetz, der ihre Figur meißelt.

Es freut mich zu hören, dass ihr die Götzen langsam abschafft. Aber was kommt stattdessen?

Eben, das ist die Frage! Was du glaubst, weiß ich – jedenfalls in groben Zügen. Aber wie bist du dazu gekommen? Überhaupt – wie kommt man zur Erkenntnis von etwas, das sich mit unseren fünf Sinnen nicht erfassen lässt? Es ist die Grundfrage meines Lebens, mit der ich mich seit Jahren beschäftige. Die einen glauben absurden Überlieferungen, die sich nicht nachprüfen lassen. Die anderen lassen ihre Phantasie spielen, und die Ergebnisse sind ebenso wenig überprüfbar. Ich sammle Wissen in einer Fülle, wie es sie vielleicht vor mir nie gegeben hat – es sei denn bei den Ägyptern –, aber das sagt mir nichts über das Jenseits. Ich schaffe nicht den Sprung von der Physik zur Metaphysik. Wie kann ich das Unsichtbare sehen lernen?

Wieso wendest du dich mit der Frage an mich?

Weil ich in deinem Lied diesen merkwürdigen Satz gelesen habe. Ich zitiere: »Diese Erkenntnis ist mir zu wunderbar und zu hoch, ich kann sie nicht begreifen.«

Ein Widerspruch, denkst du?

Genau. Erkenntnis, also etwas, das man erkennt, muss man auch begreifen, sonst ist es keine Erkenntnis. Was man weiß, muss man erfahren und verstanden haben, sonst weiß man's eben nicht. Eine Lehre – in deinem Fall die, dass Gott überall ist – muss zu lehren sein, ein Logos muss logisch sein. Wie aber – das sage mir, König der Juden –, wie kommt eine Erkenntnis zustande, die zu hoch ist, als dass man sie begreifen kann?

Durch Erfahrung.

Wie?

Ich erlebe, dass Gott da ist. Zwar sehe ich ihn nicht mit den beiden Augen im Gesicht, aber mit dem inneren Auge. Meine Ohren rechts und links an meinem Kopf hören ihn nicht, aber ich vernehme seine Stimme mit dem Herzen. Genauer erklären, sozusagen mit aristotelischer Akribie untersuchen kann ich es nicht. Denn dann müsste ich es verstanden haben. Und begreifen kann ich es eben nicht. Ich spüre, ich weiß, dass Gott da ist. Aber nicht, weil einer der fünf Sinne ihn wahrnähme, sondern weil er sich mir ganz anders offenbart.

Ein faszinierender Gedanke!

Ein faszinierender Gott! Ich begreife ihn nicht, aber ich ergreife ihn. Oder – noch genauer – er ergreift mich.

Wunderbar!

Sag ich doch! Zu wunderbar, um zu begreifen. Aber erfahrbar, um zu staunen.

Alexander der Große:
Das Philosophische ist bei Schlachten eher hinderlich

Ich will dich etwas fragen, David.

Ich antworte gerne, wenn du mir sagst, wer du bist.

Lebtest du heute, wüsstest du es. Alle Welt kennt mich: Alexander. Man nennt mich Alexander den Großen, König der Makedonen, Hegemon aller Griechen. Aber ich nehme es dir natürlich nicht übel, dass du so ahnungslos bist.

Was die Menschen so Größe nennen, wird immer nur der Nachwelt überliefert, nicht den Vorfahren.

Wir müssen uns nicht über Banalitäten unterhalten, David.

Sage mir nur noch, woher du mich kennst.

Auf meinem großen Eroberungszug durch Asien bin ich durch deine Heimat gekommen. Auf dem Weg nach Ägypten. Und da ich mich vor Kriegszügen stets sehr sorgfältig über Land und Leute informiere, bin ich auf dich gestoßen, beziehungsweise das, was man von dir erzählt und schreibt. Versteh – ohne gründliche Kenntnis des Landes, das man erobern will, sollte man es lieber gleich lassen. Wenn ich nicht genau die Heeresaufstellung bei Issos gekannt hätte, die Moral der Truppe, die Kampfesweise jeder Einheit, den Standpunkt des Perserkönigs mit seiner Leibwache – dann hätte ich nicht gesiegt. Erst recht später gegen die zehnfache Übermacht bei

Gaugamela. Für die Kultur eines Landes gilt Ähnliches – wer den Gegner kennt, ist überlegen ...

Ich sehe, ich rede mit einem großen Strategen.

Warum sollte ich's in falscher Bescheidenheit bestreiten? Aber man sagte mir, auch du seist in diesen Dingen nicht ungeschickt gewesen. Wenn auch auf Provinzebene, sozusagen. In kleinerem Maßstab. Damit will ich deine militärischen Leistungen nicht abwerten. Auch ich habe zunächst Kleinkriege führen müssen.

Ich fühle mich auch nicht abgewertet, großer Alexander. Du solltest wissen: Wo ich jetzt bin, sieht man die Dinge mit anderen Augen. Menschen zum Beispiel, die in den Geschichtsbüchern groß genannt werden, können von hier aus sehr klein wirken. Und umgekehrt natürlich.

Ich bemerke die Spitze in deinen Worten wohl, bin aber entschlossen, sie zu ignorieren.

Tätest du das auch, wenn dir ein Lebender etwas Kritisches sagte?

Ich – nun, äh –, die makedonischen Könige waren immer sehr volksverbunden. Jeder Freie im Land hatte Zugang zum Herrscher.

Du sprichst in der Vergangenheitsform und sehr allgemein.

Und du bist sehr scharfsinnig und hast einen Blick für das, was einer hinter seinen Worten verbergen will.

Weil ich das alles von mir selbst kenne, Alexander. Ich war ein Führer einer Freischärlertruppe, der mit dem Kopf im Schoß jedes seiner Männer hätte schlafen können. Aber zur Macht gekommen, änderte sich sehr viel. Plötzlich schwebte ich über allen. Plötzlich war das »ich« mehr als das »wir«.

Ich gebe zu, dass sich bei mir auch manches geändert hat. Meine alten Freunde nehmen mir übel, dass sie sich anmelden müssen, ehe sie zu mir gelassen werden. Und dass ich mich persisch kleide, seit wir Susa und Persepolis erobert haben. Sie mögen das orientalische Hofzeremoniell nicht, das ich eingeführt habe. Aber was soll ich machen? Die Verantwortung ist gewachsen! Die halbe Welt gehört mir. Oder vielleicht drei Viertel der Welt. Wie soll ich ...

Du musst dich nicht vor mir rechtfertigen. Tu das vor deinen Leuten, falls du es kannst. Und vor dir selber. Ganz am Ende wirst du dich vor einem verantworten müssen, der als Einziger zu Recht groß genannt werden darf.

Du sprichst wohl von deinem Gott? Ich habe in einem deiner Gedichte gelesen, dass du dich überall und jederzeit von ihm umgeben und beobachtet fühlst.

Er ist nicht nur mein Gott. Er ist der Gott der ganzen Welt.

Der ganzen Welt? Dass ich nicht lache! Jedes Volk, das ich bisher unterjochte, hatte seinen eigenen Gott.

Jedem Volk sein eigener Gott. Aber allen Völkern nur ein König. So möchtest du es gern, nicht wahr, großer Alexander?

Nicht nur. Auch allen Völkern eine Kultur. Wir vermischen Religionen und Kulturen und schaffen so etwas Neues, Einheitliches. Ich habe schon begonnen. Griechenland, das Zentrum Europas, Ägypten, die alte Nation in Afrika, und Persien samt den anderen Mächten Asiens sind unter mir vereint. Politisch sind Tatsachen geschaffen. Nun muss zusammenwachsen, was zusammengehört.

Ich habe gerade Hunderte meiner Offiziere mit Perserinnen verheiratet.

Beeindruckend! Es ist nur so, dass es Gott egal ist, wie einheitlich die Kulturen und Religionen der Völker sind. Er ist auf jeden Fall der Herr über alle.

Ich will nicht mit dir über religiöse Fragen streiten, David. Das überlasse ich den Priestern. Oder Aristoteles. Ich will ...

Aristoteles? Mit dem hatte ich kürzlich ein interessantes Gespräch. Du kennst ihn?

Er hat mich unterrichtet. Auf Bitten meines Vaters Philipp hatte er eine Schule für junge Männer aus dem Adel geleitet. Ich verdanke ihm viel.

Hast du auch die eine oder andere seiner Weisheiten mit auf deinen großen Feldzug genommen?

Schon. Aber mehr Praktisches, wie etwa die Kenntnis von Heilkräutern und dergleichen. Das Philosophische ist eher hinderlich bei Schlachten und Strategiebesprechungen.

Da magst du Recht haben.

Was ich eigentlich von dir wollte, David – du schreibst da in deinem Gedicht ...

Es ist eigentlich ein Lied.

Meinetwegen. Also, du schreibst von Dingen, die mich seit Jahren umtreiben. Zum Beispiel von den Grenzen unserer Erde, vom »äußersten Meer«. Ich frage mich, wie es an den Enden der Erde aussieht. Stürzt man da ins Nichts? Und wenn hinter den Völkern, die wir kennen, noch andere wohnen – was kommt dahinter? Ich frage und frage – keiner, einschließlich Aristoteles, kann es mir sagen –, aber keinen treibt die offene Frage um! Das lässt mir keine Ruhe. Jetzt ziehe ich selbst mit meinem Heer hin und sehe nach. Einige murren schon, weil es ihnen zu anstrengend ist. Die Frage nach dem, was dahinter kommt, ist zu groß für ihre kleinen Köpfe.

Der geographische Rand der Welt ist nur ein Nebengedanke in dem Lied.

Habe ich gemerkt. Aber das andere interessiert mich auch. »Bettete ich mich bei den Toten«, sagst du. Oder »führe ich gen Himmel«, oder »Finsternis möge mich decken«.

Ich habe den Eindruck – auch wenn du hier im Konjunktiv sprichst –, du hast manche Grenzerfahrungen hinter dir. Zumindest verstehst du, was mich umtreibt, im Gegensatz zu den Idioten um mich herum.

Du fühlst dich von mir verstanden, aber du hast keine konkrete Frage zu stellen – sehe ich das richtig?

Ja. Oder dieses: »Alle Tage waren in dein Buch geschrieben, die noch werden sollten.« Die Frage nach der Zukunft. Was wird aus uns? Hast du es gewusst, als du das geschrieben hast?

Nein. Aber ich wusste, dass Gott es weiß.

Was nützt mir, dass Gott es weiß, aber ich weiß es nicht?

So kannst du nur sprechen, weil du zu ihm keine Beziehung hast.

Was nützt es mir, dass er das Ende der Erde kennt und Himmel und Totenreich und sämtliche Geheimnisse, aber ich bleibe ein unwissender kleiner Mensch?

Ein kleiner Alexander der Große.

Machst du dich über mich lustig?

Im Gegenteil, du tust mir Leid. Deine unbändige Sehnsucht treibt dich immer weiter in unbekanntes Land, und du wirst dein Ziel doch nie erreichen.

Sagtest du nicht, Gott sei da hinten in der Ferne?

Ja, aber er ist auch in der Nähe. Wer sich ihm verschließt, der findet ihn weder hier noch in fernen Ländern. Wer sich ihm aber öffnet, selbst wenn er einer von denen ist, die du herablassend Idioten nennst, und wenn er nie aus seinem makedonischen Dorf herauskommt – wer sich ihm öffnet, dem ist Gott nah. Und alle Fragen – auch wenn sie unbeantwortet bleiben – kommen zur Ruhe.

Josef:
Ich spiele nur eine Nebenrolle
in der Geschichte

Ich weiß nicht, mit wie vielen »ur« vor dem Großvater ich dich ansprechen müsste, David. Wir kennen zwei Überlieferungen, die sich da unterscheiden. Aber selbst, wenn ich es genau wüsste, dauerte das wohl zu lange.

Du bist also ein entfernter Nachkomme von mir?

Ja. Josef heiße ich. Aber dass ich dein Nachkomme bin, bedeutet keine besondere Würde mehr. Ich bin ein einfacher Handwerker. Zimmermann. Ein guter allerdings. Aber manchmal ist es noch wichtig, zu welcher Familie man gehört. Wie damals, als der römische Kaiser eine Volkszählung durchführen ließ. Zu dem Zweck mussten alle in die Heimatorte ihrer Stämme. Also musste ich nach Bethlehem, deinem Geburtsort.

Bethlehem! Meine schöne, kleine Stadt, an die ich so viele Kindheitserinnerungen habe!

So klein ist es nicht mehr. Es sind ja auch fast tausend Jahre vergangen seit deiner Geburt. Allerdings, sehr groß auch nicht. Als sich alle deine Nachkommen anlässlich der Zählung da versammelten, platzte der Ort aus allen Nähten. In der Karawanserei war noch nicht mal Platz für Maria und mich, obwohl sie das Kind erwartete.

Maria? Deine Frau? Dann kann ich wohl zu den vielen »ur« vor Enkel noch ein weiteres hinzufügen?

Äh – ja und nein, also ...

Wie das? Entweder du hast ein Kind oder du hast keins.

Das ist etwas kompliziert, David. Aber du hast ein Recht darauf, es erklärt zu bekommen. Hm, wie soll ich anfangen ...

Mach's nicht so spannend!

Es ist spannend. Du erinnerst dich an die alten Prophezeiungen von einem, der kommen soll, die Menschen zu erlösen? Die deutlichsten Prophezeiungen wurden zwar erst nach deiner Zeit ausgesprochen, aber einige sind älter, und du solltest sie auch kennen. Mose etwa sagte, dass Gott einen Propheten wie ihn erwecken wolle. Ganz am Anfang heißt es schon, dass ein Nachkomme der Eva der Schlange den Kopf zertreten werde, aber von ihr in die Ferse gestochen wird. Oder denke an die Segensworte des sterbenden Jakob über seine Söhne: Aus dem Stamm Juda soll ein Held kommen, dem die Völker anhangen. Du kannst damit nicht gemeint sein, David, dir ist nur Israel gefolgt. Auch das Prophetenwort Bileams vom Stern, der aus Jakob aufgehen soll, könnten wir dazuzählen.

Ich kenne all dies, Josef, und habe mich oft damit beschäftigt, nachdem Gott mir gesagt hat, er wolle mein Königtum für ewig bestätigen. Was heißt das? Du bist kein König und andere Nachkommen von mir auch nicht. Es muss eine andere Art Königtum geben, die ich noch nicht verstehe. Manchmal dachte ich sogar ... ach, lassen wir das!

Bitte, sprich weiter, David! Ich erkläre dir anschließend, warum es wichtig ist.

Manchmal dachte ich, ob nicht manches, was Gott mir eingab, auch eine Prophezeiung ist, ohne dass ich sie verstand. Etwa bei dem Psalm: »Sie haben meine Hände und Füße durchgraben. Sie teilen meine Kleider unter sich und werfen das Los um mein Gewand.« Und so weiter. Meine Situation beschrieb das ja nicht. Also – was oder wen beschrieb es?

Interessant.

Willst du etwa sagen, der Verheißene sei dein Sohn?

Ja und nein. Lass mich erzählen. Ein Engel kam zu Maria und sagte ihr, sie solle die Mutter des Erlösers werden. Durch Gottes Geist. Ich wusste davon zunächst nichts, und wenn sie es mir gesagt hätte, wer weiß, ob ich es geglaubt hätte. Wegen ihrer Schwangerschaft wollte ich sie verlassen. Das Kind war ja nicht von mir. Da redete Gott zu mir, sehr deutlich. Ich sollte Maria und das Kind zu mir nehmen. Der Sohn sollte Jesus heißen, denn – so wörtlich – »er wird sein Volk retten von ihren Sünden«. Nun ist dieses Kind da, geboren in Bethlehem in einem Stall.

In einem Stall?

Ich sagte doch – das Platzproblem. Aber es fehlte nicht an Beweisen, dass dies wirklich Gottes Sohn war: Engel erschienen, Gelehrte aus dem fernen Osten hatten es an einem Stern erkannt, Prophezeiungen von frommen Leuten im Tempel ...

Eine merkwürdige Geburt.

Findest du es schade, dass er nicht mein und damit auch nicht dein leiblicher Nachkomme ist?

Ein wenig schon, offen gestanden. Andererseits ...

Du hast das so schön beschrieben, David: »Du hast meine Nieren bereitet und hast mich gebildet im Mutterleibe. Ich danke dir dafür, dass ich wunderbar gemacht bin.« Ich habe viel darüber nachgedacht, David. Das Eigentliche im Menschen, seine Persönlichkeit, kommt ja nach Gottes Schöpferwillen von drei Seiten: Da ist das, was der Vater ihm mitgibt; das, was die Mutter mitgibt, und alles, was ihn in seinem Leben, besonders in der Jugend, prägt. Wären diese drei Dinge auch bei Jesus so, wäre er ein Mensch wie alle. Wie könnte er uns dann erlösen? Er wäre ja selbst Sünder, ein verlorener Nachkomme Adams. Nun aber ist er Gottes Sohn. Ganz anders als wir. Außerhalb des Fluchs der Sünde, unter dem wir alle stehen.

Hm. Du wirst wohl Recht haben. Nur – wenn er nicht unter dem Fluch der Sünde steht, mag das für ihn gut sein, aber wie will er dann andere erlösen?

Ich weiß es nicht. Aber ich denke an deinen Psalm, diesen Leidenspsalm ...

Überlass das Gott. Er weiß, was er tut.

Das stimmt. Er hat uns schon bewahrt. Herodes, unser König – stell dir vor, wir werden mittelbar vom fernen römischen Herrscher regiert und unmittelbar von einem edomitischen Tyrannen – Herodes erfuhr von dem Kind und fürchtete um seinen Thron. Er ließ alle kleinen Kinder in Bethlehem umbringen in der Hoffnung, auch ihn damit zu töten. Aber Gott hat uns vorher nach Ägypten geschickt. »Von allen Seiten umgibst du mich und hältst deine Hand über mir.« Ist das nicht aus demselben Psalm, wo du über die Führung Gottes schreibst?

Ja. »Nähme ich Flügel der Morgenröte und bliebe am äußersten Meer, so würde auch dort deine Hand mich führen und deine Rechte mich halten.« Auch in Ägypten.

Eine wunderbare Wahrheit. Ich habe sie erlebt, vielfach. Ich kann gar nicht zählen, wie oft ich die Nähe Gottes erlebt habe. Wunder über Wunder. Deswegen fühle ich mich dir verbunden, David, nicht nur, weil wir verwandt sind: Du hast das alles, was mich bewegt, so treffend ausgedrückt: »Wie schwer sind für mich, Gott, deine Gedanken! Wie ist ihre Summe so groß! Wollte ich sie zählen, so wären sie mehr als der Sand: Am Ende bin ich noch immer bei dir.« Schon die Geburt des Messias mit den Begleiterscheinungen war eine fast unüberschaubare Kette von Wundern. Was wird danach noch alles geschehen!

»Am Ende bin ich noch immer bei dir.« Vielleicht bist du und sind alle Menschen am Ende näher bei Gott.

Vielleicht macht er allem Fluch der Sünde ein Ende und ... nun, wir werden sehen. Bis dahin will ich mit deinen Worten beten – und vielleicht erhört Gott ja das Gebet durch seinen Sohn: »Leite mich auf ewigem Wege!«

Paulus:
Wir sind Botschafter an Christi statt

David?

Ja?

Der König Israels? Der bekannte Psalmdichter?

Das war einmal.

Aber deine Psalmen sind noch sehr lebendig, David. Ich singe sie gerne und berufe mich darauf, wenn ich in den Synagogen predige. Oh – verzeih, ich habe mich noch nicht vorgestellt. Man nennt mich Paulus. Eigentlich Saulus von Tarsus. Aber mit der kleinen Änderung meines Namens soll auch ein wenig die Änderung meines Lebens angedeutet werden. Seit ich den auferstandenen Messias kennen gelernt habe, ist alles bei mir anders geworden. Ein völlig neuer Mensch bin ich ...

Moment mal – nur, damit ich alles richtig verstehe –, du bist ein Israelit? Ich nehme es an, weil Messias ein hebräisches Wort ist.

Allerdings! Sogar ein sehr frommer Israelit war ich, von dem berühmten Gamaliel im Gesetz geschult ...

Aber Tarsus liegt doch nicht in Israel!

Nein, in Kleinasien. Aber, weißt du, nach deiner Zeit haben sich die Israeliten überall in den Ländern ums Mittelmeer verbreitet.

Also ein Israelit aus Kleinasien. Hm.

Sogar nebenher noch ein Bürger der Weltmacht Rom. Aber lass uns nicht von der Politik reden, David. Das wird kompliziert, und es ist auch nicht das, was mich am meisten interessiert. Ich wollte dich etwas Geistliches fragen. Zum Psalm 139.

Ach, schon wieder.

Wie?

Nichts weiter, frage nur!

Du schreibst da zum Beispiel: »Wohin soll ich gehen vor deinem Geist, und wohin soll ich fliehen vor deinem Angesicht?«

Kennst du als frommer Nachkomme Abrahams nicht diesen Schrecken, wenn man erkennt, dass man sich vor Gott nirgends verbergen kann?

Doch, den kenne ich auch. Sehr gut sogar. Aber ich wollte auf einen besonderen Punkt hinaus. Sozusagen den entferntesten Punkt.

Das äußerste Meer?

Genau. Nicht nur wegen dieser Stelle. Der ganze Psalm ist voll von dieser Botschaft: Gott ist überall.

Das ist er ja auch!

Stimmt. Es wundert mich nur, dass du das so klar erkannt hast. Na ja, wundern ist vielleicht nicht der richtige Ausdruck. Sagen wir, ich freue mich darüber. Weil manche etwas engstirnigen Menschen unseres Volkes ja der Meinung sind, Gott habe gar kein Interesse an denen, die nicht von Abraham, Isaak und Jakob abstammen.

*Ich war mir immer der Tatsache bewusst, dass meine Urgroß-
mutter die Moabiterin Rut war und meine Ururgroßmutter die
Hure Rahab aus Jericho.*

Natürlich. Und wie wichtig waren gerade in der Anfangszeit unseres Volkes auch jene Glaubenden, die nicht dazugehörten! Wenn
ich an Melchisedek denke, dem Abraham ...

Ich kenne die Geschichte.

Ach ja, natürlich. Aber du kennst nicht die von Jona, der in Ninive
gepredigt hat. Und kennst du Hiob? Na, ist ja auch egal, ich wollte
nicht die ganze Geschichte Israels mit dir durchgehen, um zu bele-
gen, was du sowieso weißt ...

Dass Gott auch den Heiden nachgeht.

Genau. Sondern ich wollte dir erzählen, dass es jetzt geschieht!

Was geschieht?

Gott ruft die Heiden zu sich! Sein Angebot der Versöhnung, sein
Ruf in Glauben und Gehorsam geht über Israel hinaus.

Das interessiert mich!

Dachte ich mir doch! Darum will ich dir davon erzählen. Gott hat
mich zum Boten erwählt, der den Völkern seinen Ruf, seine Botschaft vom Heil verkündigen soll. Aber denke nicht, ich wäre stolz
auf diese besondere Aufgabe! Mir ist sehr wohl bewusst, dass ich
es nicht wert bin, der ich Jesus verfolgt habe, und dass nur sein
Erbarmen ...

Wen hast du verfolgt?

Jesus, den Messias Gottes, den Erlöser ... ach, du weißt wohl gar nichts von ihm?

Messias heißt »der Gesalbte«.

Ja, viele Propheten haben davon gesprochen, dass Gott seinen Gesalbten senden will – wir sagen griechisch »Christus«. Aber nicht nur für sein Volk.

Und der Messias ist erschienen?

Ja, Jesus von Nazareth. Geboren in Bethlehem. Der Sohn Gottes ist als Mensch erschienen, hat gelehrt und Wunder getan, um seine Vollmacht zu unterstreichen. Aber er war nicht nur ein Gesetzeslehrer wie viele andere. Er hat ganz andere Dinge gesagt oder er hat die Dinge, die wir schon kannten, ganz anders gesagt. Jedenfalls hat er sich Feinde gemacht unter den Traditionalisten.

Er konnte sie nicht überzeugen?

Du verstehst das falsch, David! Oder genauer: Ich habe ungenau berichtet. Das Besondere war nicht seine Lehre, sondern er selbst.

Jeder Lehrer wirkt auch durch seine Person.

Das Eigentliche seines Auftrags für die Welt kam erst am Schluss. Seine Lehre war nur die Vorbereitung darauf.

Am Schluss?

Er starb am Kreuz. Das ist ein schreckliches Hinrichtungswerkzeug der Römer. Er starb, um unsere Schuld auf sich zu nehmen. Unser aller Schuld, ob Israeliten oder Heiden.

Moment! Gottes Sohn ließ sich töten für die Sünder?

Genau! Verspotten und quälen – wie du es im 22. Psalm ja beschrieben hast ...

Ich habe da wohl prophetisch geredet, ohne selbst genau zu wissen ...

... und schließlich töten. Auch seine Freunde haben es anfangs nicht verstanden, aber nach seiner Auferstehung und nach der Ausgießung des Heiligen Geistes ...

Langsam, Paulus, langsam!

Entschuldige! Das Großartige dieser Botschaft reißt mich immer wieder mit.

Das ist für einen Gottesboten vielleicht sogar gut. Aber sage mir – hast du alles selbst miterlebt?

Nein, nicht direkt. Aber ich kenne viele, die es miterlebt haben. Und Jesus ist mir später erschienen, als ich seine Leute verfolgen wollte, und hat ...

Es wäre hilfreich, wenn du die Ereignisse einfach mal in der richtigen Reihenfolge darstellen könntest.

Ja, gerne. Also: Nachdem er am Kreuz gestorben war, von den Römern grausam hingerichtet – ach, was rede ich! Die Obersten meines und deines Volkes waren die treibende Kraft dabei! Aber eigentlich waren auch sie es nicht, sondern die Sünden aller Menschen. Denn es steht geschrieben: »Da ist keiner, der Gutes tut, auch nicht einer.« Um die Schuld zu sühnen, nahm der Sohn Gottes das Gericht auf sich. Wir sind allesamt Sünder und werden ohne

Verdienst gerecht aus seiner Gnade. Durch die Erlösung, die durch Christus Jesus geschehen ist. Nachdem Christus gestorben ist für unsere Sünden, ist er begraben worden und auferstanden am dritten Tage nach der Schrift. So hoffen wir nun nicht nur in diesem Leben auf Christus, sondern auch im zukünftigen. Die Gabe Gottes ist das ewige Leben in Christus Jesus, unserem Herrn.

Großartig!

Nicht wahr? Für diese Botschaft lohnt es sich doch, sich ganz einzusetzen. Alle müssen das hören! So sind wir nun Botschafter an Christi statt. Denn Gott ermahnt durch uns: Lasst euch versöhnen mit Gott. Den Griechen habe ich das verkündigt. Und den Römern will ich das noch verkündigen. Ach so, du weißt wohl noch nicht, dass das zurzeit die Beherrscher der Welt sind. Aber der wirkliche Herr ist Christus, dem sich einmal alle Knie werden beugen müssen, und alle Zungen werden bekennen ...

Aber noch tun sie es nicht?

Nein, die Aufgabe, die wir als Boten Gottes haben, ist groß. Schwer, aber lohnend!

Dann will ich dich nicht länger von deiner Aufgabe abhalten, Saul von Tarsus. Unser gemeinsamer Gott lasse es dir gelingen!

Bathildis:
Wenn eine Königin, die Sklavin war, nicht den Armen hilft – wer dann?

»Von allen Seiten umgibst du mich.« Sag, David, sprichst du da nur von dir? Oder gilt das für andere auch?

Wer will das wissen?

Verzeih, Bathildis ist mein Name. Königin der Franken. Genauer: Ich war Königin. Als mein Mann Chlodwig starb, habe ich die Regierungsgeschäfte übernommen, bis meine Söhne alt genug waren. Sechzehn Jahre lang.

Du, eine Frau?

Das mag für dich schwer vorstellbar sein, David. Nun – das war es für meine Zeitgenossen auch.

Und – hat es geklappt? War es eine gute Regierung? Zum Wohl der Menschen und des Landes? Ohne Kriege, die das Land auszehren? Ohne Hungersnöte? Sind Handel und Bildung gewachsen? Sind ...

Du verlangst viel, David! Mehr, als du selbst in deiner Königsherrschaft erreicht hast!

Du hast Recht, Bathildis. Vielleicht habe ich von dir als Frau mehr verlangt, als ich von einem männlichen Herrscher verlangt hätte, um die Fähigkeit zur Regentschaft zu beweisen.

Was das Wohl der Menschen angeht, so habe ich zumindest das Wohl der Ärmsten verbessert. Ich verbot die Sklaverei. Und ich schaffte die Kopfsteuer ab, die bewirkte, dass Arme sich selbst verkaufen mussten, weil sie sie nicht aufbringen konnten.

Ich staune, Bathildis! Aber entschuldige, dass ich dich mit Fragen überhäuft habe. Eigentlich wolltest du ja mich fragen.

Ich habe deinen Psalm gelesen, den 139., viele Male. Anders als die meisten Menschen meiner Zeit kann ich nämlich lesen, musst du wissen. Im Kloster habe ich es gelernt, ehe ich Königin wurde.

Du findest dich in dem Psalm wieder?

Ja. Vor allem deshalb, weil du in der Ich-Form schreibst.

Das verstehe ich nicht. Wie kann man denn sonst schreiben?

Der Glaube ist für viele um mich her nicht so eine persönliche Sache zwischen ihnen und Gott. Einer der Vorgänger meines Mannes im Königsamt hat beschlossen, dass er und sein Volk nun christlich seien. Also sind sie es. Der Rest ist Erziehungsarbeit durch die Vertreter der Kirche. Aber das offiziell christliche Volk ist weithin sehr unchristlich. Sie glauben Falsches, sie handeln falsch, aber das erscheint ihnen nicht weiter schlimm, weil sie ja zur Kirche gehören. Selbst die hohen kirchlichen Würdenträger haben ihre Ämter oft gekauft. Selten sehe ich ein echtes Verhältnis des Vertrauens, der Liebe und des Gehorsams zu Gott, wie es aus deinem Psalm spricht.

Liebe zu Gott heucheln? Das könnte ich nicht! Das wäre Sünde! Und wozu auch?

In unserer Gesellschaft kann es Vorteile bringen. Irdische natürlich nur. Aber lass uns nicht auf einen Nebenweg geraten, David.

Richtig, du wolltest etwas fragen zu dem Satz: »Von allen Seiten umgibst du mich.«

»Und hältst deine Hand über mir«, ja. Das hast du erkannt.

Erlebt.

Sicher durch Gebet, durch Erfahrungen.

Ja.

Aber vor diesen Erfahrungen, vor dieser Erkenntnis – war Gott da auch schon auf allen Seiten um dich? Anders gefragt: Ist er nur bei dem, der das glaubt, oder auch bei dem, der es nicht glaubt?

Wie kommst du auf diese Frage? – Nein, entschuldige, schon wieder frage ich zurück, statt zu antworten. Aber eine Antwort ist nicht leicht. Besonders, wenn sie nicht eine Floskel sein soll.

Von dir erwarte ich eine ehrliche Antwort, David!

Gott ist überall. Es gibt keinen Ort, an dem er nicht wäre ...

Ich weiß, selbst »am äußersten Meer«.

Also ist er auch um die her, die nichts davon wissen. Sogar um die, die nichts davon wissen wollen. Allerdings ist diese Nähe Gottes von anderer Art als die, die der Glaubende erlebt. Ich kann mich freuen über seine Gegenwart. Ich bin geborgen darin.

Aber du wolltest auch fliehen vor ihm, nicht wahr? In den Himmel, zu den Toten, ans Ende von Erde und Meer oder in die völlige Finsternis.

Das sind dichterische Ausdrücke. Ich kann ja gar nicht in den Himmel oder ins Totenreich fliehen. Selbst eine Seefahrt ans entfernteste Meer wäre nicht so einfach. Aber ich bin ja gar nicht geflohen. Ich sprach nur davon, dass Gott immer noch da wäre, wenn ich fliehen würde.

Den Wunsch kennst du aber wohl, dich manchmal vor dem alles durchdringenden Blick Gottes zu verbergen!

Das hast du richtig durchschaut, Bathildis. Es gab Augenblicke, da habe ich Gottes Gegenwart nicht als befreiend und wohltuend erlebt, sondern als beklemmend. Nämlich dann, wenn Sünde zwischen ihm und mir stand.

Ich weiß aus anderen Psalmen von dir, dass du, obwohl du Christus noch nicht kanntest, doch etwas von göttlicher Gnade wusstest.

So ist es. Ohne Vergebung durch Gott gibt es auch keine Geborgenheit bei ihm.

Danke für deine Antwort, David. Nun will ich dir auch sagen, wie ich zu der Frage kam. Ich komme aus England. Meine Eltern haben mich an durchziehende Händler verkauft ...

Was?

Ja, ich wurde eine Sklavin. Das war schrecklich. Aber sie taten es nicht nur, um von dem Erlös selbst überleben zu können, sondern auch, um ihrem Kind das Überleben zu sichern. Wir wären sonst alle verhungert.

Und dann kamst du ins Land der Franken?

Es ist eine kurze Fahrt mit dem Schiff nötig, weil das Land der Angeln und Sachsen eine Insel ist. Im Frankenreich kam ich auf den

Sklavenmarkt, wo mich der Kanzler für den Haushalt des Königs kaufte. Später machte der König mich zu seiner Frau.

Von einer Sklavin zur Königin!

Gott tut Wunder.

Vermutlich war auch dein Aussehen daran nicht unbeteiligt, nicht wahr? Gemeinhin lassen auch Könige sich von weiblicher Schönheit beeindrucken.

Aber auch das ist ja ein Wunder. Ich darf dich selbst zitieren: »Ich danke dir dafür, dass ich wunderbar gemacht bin.«

Du bist wohl nicht nur eine schöne, sondern auch eine kluge Frau, Bathildis.

Das Erstere ist weitgehend geschwunden. Aber zurück zu meiner Geschichte: Ich wurde nicht nur vom Sklavenmädchen zur Königin, sondern auch von einer Heidin zur Christin. Das ist viel mehr und ein noch größeres Wunder. Darum dachte ich: Gott war wohl schon in meiner englischen Heimat bei mir, als ich ihn noch gar nicht kannte. Schon damals müssen alle meine künftigen Tage in sein Buch geschrieben gewesen sein. Er hatte einen großartigen Plan mit mir. Und er hat ihn verwirklicht.

Haben wir nicht einen großartigen Gott?

Friedrich II. von Hohenstaufen:
Ich gestehe, dass Weniges mich berührt

Ich möchte dich etwas fragen, David.

Zum 139. Psalm?

Ja, woher weißt du ...? Ach so, wohl die bessere Übersicht von da, wo du jetzt bist?

Nein, es ist nur so, dass mich viele danach fragen. Die Wahrheit, dass Gott überall ist und uns umgibt, alles weiß und sogar unsere Zukunft kennt, scheint viele zu beeindrucken.

Ich habe eher politische Motive.

Du bist auch ein Herrscher wie ich?

Ein Herrscher wohl, aber nicht wie du. Friedrich heiße ich, der zweite dieses Namens unter den Kaisern. Nicht König wie du. Das waren noch Zeiten, als ein König einfach ein König war und über sein Volk regierte, punktum. Die Dinge sind bei mir viel komplizierter.

Kannst du mir das ein wenig erläutern?

Ich bin zwar römischer Kaiser, aber deutscher Nation. Ich bin zwar deutsch von meinem Vater her, aber die Mutter war Normannin, und aufgewachsen bin ich auf Sizilien. Ich bin zwar rechtmäßiger Kaiser, aber mein großer Gegenspieler im Reich ist der Papst, und bei allem, was ich tue, muss ich überlegen, was er wohl dazu sagt oder dagegen unternimmt. Ich bin zwar deutscher König und Kaiser, kenne aber dieses Land und seine Sprache nur unvollkommen. Dafür kann ich aber mit dir arabisch reden, wenn du willst.

Ich staune.

Du auch?

Was heißt das? Wer noch?

Alle. Sie nennen mich stupor mundi, das Staunen der Welt.

Wegen dieser merkwürdigen politischen Situation?

Wohl eher wegen meiner Eigenarten. Ich bin anders, als man es von Herrschern gewöhnt ist.

Kannst du das ein wenig genauer ...?

Ungern. Ich wollte nicht von mir reden.

Von mir? Von dem Psalm?

Ja. Ich sage es offen, David, ich traue dir nicht. Meinst du es wirklich ehrlich, wenn du sagst: »Herr, du erforschest mich und kennest mich ... du verstehst meine Gedanken von ferne ... du siehst alle meine Wege ... Es ist kein Wort auf meiner Zunge, das du, Herr, nicht schon wüsstest ... Von allen Seiten umgibst du mich ...«? Stimmt das? Mit mir kannst du doch ehrlich sein!

Aber sicher stimmt es! Warum sollte ich lügen?

Oh, da wüsste ich einen guten Grund! Du warst ja König. Du wolltest deinen Untertanen zeigen: Gott sieht alles. Du schreibst zwar über dich, aber es ist auf sie gemünzt. Wir wissen doch beide, wie so was geht: wie bei den Kindern. Man kann sie nicht immer und überall kontrollieren. Also sagen wir ihnen: Gott sieht dich. Das macht ihnen Angst, und schon sind sie gehorsam. Die Kirche – oder ich will besser sagen: Gregor IX., mein großer Gegenspieler – macht es doch auch so. Die Angst, dass Gott alles sieht und alles Böse straft, hält das Kirchenvolk bei der Stange. Gregor hat da eine Waffe, die ich leider nicht habe.

Du würdest auch gern die Leute mit Angst bei der Stange halten?

Na ja, wenn es einen anderen Weg gäbe, ohne Angst, positiver, verstehst du – das wäre schon besser. Aber wie? Ich habe den Einfluss des Adels stark zurückgedrängt – da gab es mir zu viel revolutionäres Potential – und eine Beamtenschaft aufgebaut, mit der sich direkter und straffer regieren lässt. Bis in Kleinigkeiten hinein habe ich für alles Gesetze erlassen. Aber das heißt nicht, dass ich alles im Griff hätte. Oh, nein! Von einer totalen Kontrolle, wie du sie beschreibst, bin ich noch weiter entfernt als – nun, als die Stammburg der Staufer in Schwaben von Palermo oder von Jerusalem.

Oh, Friedrich, was hast du für falsche Vorstellungen!

Wenn sie falsch sind, belehre mich, David! Ich bin keiner jener kleingeistigen, eitlen Fürsten, die sich nur immer schmeicheln lassen wollen. Du kannst mir alles sagen. Ich diskutiere mit Gelehrten und korrespondiere mit Kapazitäten aus aller Welt. Ich habe sehr viel gelesen und spreche viele Sprachen. Wie könnte ich das, wenn ich nicht lernwillig wäre!

Das ist der Grund, weshalb sie dich das Staunen der Welt nennen?

Ich nehme das nicht so furchtbar ernst, David. Das Volk staunt über alles, was es nicht versteht. Ich habe ein Buch über die Falkenjagd geschrieben. Da das noch nie ein Kaiser tat, staunen sie. Ich habe ohne einen Schwertstreich Jerusalem von den Heiden zurückerobert, woran sich vor mir Generationen von Kreuzrittern die Zähne ausgebissen hatten. Weil das Volk nichts versteht von Diplomatie und darüber, dass ich mit den Sarazenen in ihrer Muttersprache rede, staunen sie. Lass sie ruhig staunen! Ich will mich nicht eitel in diesem Staunen sonnen, sondern forschen, nachdenken, Wissen sammeln.

Löblich.

Also – du sagst, du glaubst wirklich, dass Gott dich überall sieht?

Das glaube ich wirklich, ja. Oder genauer, damit es keine Missverständnisse gibt: Ich bin überzeugt davon, weil ich es erlebt habe. Ich spüre die Nähe Gottes.

Das sagt jeder, der irgendeiner Religion anhängt. Ich will dich nicht ärgern, David, aber mir kann man nicht mit ein paar frommen Floskeln imponieren. Das Volk hört auf so was. Wir sind das christliche Abendland. Da gilt eben, was der Dorfpriester sagt, und sei es noch so schwachsinnig. Die Leute kennen eben nichts anderes. Aber ich, David, ich kenne anderes. Den Islam kenne ich. Und die alten griechischen Philosophen kenne ich. Sogar das Judentum, deinen Glauben, von dem die meisten hierzulande gar nicht wissen, wie sehr er mit dem Christentum zusammengehört. Sogar die Lehren verschiedener Ketzer kenne ich. Also gib mir Argumente, David! Sprich nicht von Gefühlen. Sage mir klar und nüchtern, warum ich glauben soll, was du in dem Psalm schreibst.

Nein.

Du kannst also nichts beweisen!

So ist es.

Das gibst du so einfach zu?

Zugeben? Das kann man nur, wenn man etwas verkehrt gemacht hat. Willst du mir vorwerfen, dass ich nicht die Nähe Gottes beweisen kann? Ich finde, das ist kein Mangel, sondern ein Vorteil.

Erkläre mir das!

All die religiösen Lehren, die du kennst, all die Philosophien haben doch gute Argumente, oder nicht? Und trotzdem können sie nicht alle Menschen überzeugen. Wir sind nicht nur Verstandeswesen, Friedrich ...

Wohl wahr! Weißt du, dass ich Experimente mit Kindern gemacht habe? Ohne Liebe und Ansprache sind sie trotz bester Pflege verkümmert und gestorben.

Es gibt in uns einen innersten Kern, der reagiert nicht nur auf Argumente und weise Lehren. Das ist auch gut so, denn sonst würde uns der Boden unter den Füßen weggezogen, sobald eine neue, noch überzeugendere Lehre aufkommt. Und du weißt, dass das ziemlich oft geschieht. Ein wirkliches Fundament für unser Leben finden wir nur in dem, was wir erlebt haben, was uns in unserem Innersten berührt.

Ich gestehe, dass Weniges mich berührt. Vielleicht, wenn ich mit den Falken draußen bin ...

Hier geht es um mehr. Wenn Gott dir nahe ist, kannst du es sicher wissen.

Vielleicht ist er mir nicht mehr nahe, seit der neunte Gregor mich mit dem Kirchenbann belegt hat. War nur ein Scherz, David. Mir ist durchaus klar, dass Gott, wenn er denn überhaupt Menschen nahe kommt, sich nicht von Gregors Sprüchen abhalten lässt.

Ein Scherz in Ehren, zweiter Friedrich, aber du solltest dich ernsthaft für Gott öffnen.

Man wird sehen. Möglicherweise habe ich im nächsten Jahr etwas Zeit. Vielleicht rede ich mal mit diesem Franziskus von Assisi darüber. Man sagt, er habe sogar auf den Sultan einen großen Eindruck gemacht.

Du könntest sogar ohne Vermittlung die direkte Verbindung zu Gott suchen. Sprich einfach: »Erforsche mich, Gott. Und sieh, ob ich auf bösem Wege bin, und leite mich auf ewigem Wege.«

Danke für das Gespräch, David. Ach übrigens, weißt du, dass wir, du und ich, zwei Dinge gemeinsam haben?

Was?

Unsere beiden Söhne haben sich gegen uns erhoben. Erfolglos. Und wir waren beide einmal König von Jerusalem.

Martin Luther:
Allein aus Gnaden bin ich gerecht

Manchmal dachte ich, du hättest von mir geschrieben in deinem Psalm, David.

Das haben mir schon öfters Menschen gesagt. Wenn's nicht so wäre, würden sich die Psalmen sicher nicht über so lange Zeit hinweg großer Beliebtheit erfreuen.

Ich fühle mich dir so nahe, dass ich mir erlauben möchte, dich einfach mit David und mit du anzusprechen. Und bitte sag Martin zu mir. Ich heiße Martin Luther, habe auch einen Doktortitel – falls du weißt, was das ist. Aber wenn du zu mir Professor Doktor sagen würdest und ich zu dir Majestät oder was man da sagt, so wäre das keine Rede unter Brüdern im Glauben. Ich bin sowieso gewohnt, dem Volk aufs Maul zu schauen.

Ich freue mich, Martin, in dir einen Bruder im Glauben kennen zu lernen. Aber sage mir, womit ich deine Situation beschrieben habe!

Du sagst, dass Gott dir nahe ist, dass er dich kennt, durch und durch. Sogar deine Gedanken. Ja, sogar deine zukünftigen Tage. Er kennt dich besser, als du dich selbst kennst.

Und das empfindest du auch so?

Das empfinde ich nicht nur, ich weiß es. Das allein aber ist es nicht. Verstehst du, dass der allmächtige und gerechte Gott auch der allgegenwärtige ist, der mich bis in den letzten Winkel meiner Gedanken kennt – das kann ja zweierlei Ding bei uns auslösen.

Ich möchte es mal nennen: Angst und Geborgenheit.

Ich sehe, du verstehst mich. Bei mir und dem armen, verführten Volk meiner Zeit hat es immer nur Angst ausgelöst. Gott ist der Richter. Jede kleinste Übertretung seiner Gebote straft er mit unbestechlicher Gerechtigkeit und Härte. Wir sind ausgeliefert. Es gibt nur zwei Möglichkeiten, die schrecklichen Folgen etwas abzumildern. Erstens den Ablass.

Ablass?

Man zahlte eine festgelegte Summe Geldes und bekam es dann schriftlich, dass man ein paar Jahre oder Jahrtausende kürzer im Fegefeuer schmachten muss, dem Ort, wo man durch Qualen geläutert ...

Was redest du da? Woher hast du diesen Unsinn?

Ich sehe, wir sind uns auch hierin einig. Unsinn! Und was für ein verderblicher! Denn er quälte nicht nur die Menschen und zog ihnen das wenige Geld, das sie hatten, aus der Tasche, er wiegte auch andere in falscher Sicherheit, wenn sie ihren Ablassbrief hatten.

»Bettete ich mich bei den Toten, siehe, so bist du auch da.«

Eben. Wir wissen nicht, was im Einzelnen nach dem Tod geschieht, aber wir dürfen uns Gott und seiner Gnade anvertrauen.

Du sprichst von zwei Möglichkeiten oder angeblichen Möglichkeiten, dem Gericht Gottes die Spitze zu nehmen.

Die zweite war das Mönchswesen mit Askese und Selbstquälerei. Das habe ich auch versucht. Man ernährt sich nur gerade so, dass man nicht verhungert. Man schläft auf hartem Boden und das nur fünf Stunden in der Nacht. Man heizt nicht und ist zu dünn angezogen, so dass man friert. Man leistet absoluten Gehorsam, verzichtet aufs Heiraten, hört täglich und nächtlich stundenlang Messen, schlägt sich manchmal sogar selbst ...

Hör auf! Das ist ja furchtbar! Wer macht denn so was?

Ich zum Beispiel. Damals jedenfalls. Die Absicht war, Gott damit zu gefallen. Ich wollte zeigen, wie Leid mir die Sünde tut. Wollte ihn versöhnlich stimmen. Die fleischlichen Lüste bekämpfen.

Du machst doch den Eindruck eines vernünftigen Menschen, Martin! Wie konntest du so etwas für gottgewollt halten!

Die Angst, David, die Angst. Immer unter dem wachsamen Auge des allmächtigen Gottes ... Ins Kloster trat ich ein durch das Erlebnis mit dem Gewitter. Ich fürchtete, der Blitz erschlägt mich. Mir war zumute, wie es in deinen Versen 11 und 12 steht: »Spräche ich: Finsternis möge mich decken und Nacht statt Licht um mich sein, so wäre auch Finsternis nicht finster bei dir, und die Nacht leuchtete wie der Tag.« Ich fühlte mich von dem allmächtigen Gott gestellt, erwischt, bedroht – was blieb mir übrig, als zu schwören: »Ich will Mönch werden.«

Da kann man ja nur die Hände überm Kopf zusammenschlagen! Was für eine irrige Vorstellung von Gott!

Es wurde auch nicht besser, als ich im Kloster war und mich quälte. Ich suchte nach dem gnädigen Gott. Dem Gott, der nicht mein Feind ist, sondern mein Freund. So, wie du ihn beschrieben hast.

Offenbar hast du ihn gefunden, sonst würdest du jetzt nicht so sprechen.

Ich habe ihn gefunden im Neuen Testament. Du kanntest es noch nicht. Da besonders im Brief des Paulus an die Römer. Denn allein die Heilige Schrift kann uns dieses Geheimnis offenbaren. Der Apostel schreibt davon, dass wir gerecht werden allein durch den Glauben, nicht durch die guten Werke nach dem Gesetz. Und allein durch Christus, der diese Erlösung für uns erworben hat.

Lange tobte ich in meinem wilden und verwirrten Gewissen und bemühte mich ungestüm und hätte gern gewusst, was dies bedeutet. Bis Gott sich erbarmte und ich, der ich Tag und Nacht nachgedacht hatte, den Zusammenhang der Worte begriff, nämlich: Gerechtigkeit Gottes wird offenbart in dem, was geschrieben steht: Der Gerechte wird aus Glauben leben.

Da fing ich an, die Gerechtigkeit Gottes zu verstehen, durch die Der Gerechte durch ein Geschenk lebt, nämlich aus Glauben heraus. Hier spürte ich, dass ich völlig neu geboren war und dass ich durch die geöffneten Pforten in das Paradies selbst eingetreten war, und da erschien mir von nun an die Schrift in einem anderen Licht.

Ich freue mich mit dir, Martin. Paulus, auf dessen Schrift du dich berufst, hat mir auch von dieser wunderbaren Botschaft erzählt. Ich habe den Eindruck, dass sich darin alle Prophezeiungen erfüllen. Und du hast diese neu erkannte Wahrheit gleich verkündigt?

Sie begann sogleich aus meinen Vorlesungen zu sprechen, obwohl ich damals gerade bei den Psalmen war. Was mich bei deinem Psalm 139 so beeindruckt hat, David: Er ist schon aus diesem Geist des Vertrauens geschrieben, obwohl du dieses Heil durch Jesus noch nicht kanntest.

Ich verstehe: Unser Gespräch kommt an den Punkt zurück, dass die Gottesnähe zweierlei auslösen kann, Angst oder Geborgenheit.

Mir hat sie zuerst nur Angst gemacht, aber für dich war die Gegenwart des Heiligen ein tröstliches Ding. Es liegt vielleicht gar nicht zu deutlich in den Worten, mehr dahinter, verstehst du?

Du hast ein feines Empfinden dafür.

Ich lese den Psalm im Urtext und habe die ganze Bibel gründlich studiert. Ich habe sie ja sogar in unsere Sprache übersetzt. Das Neue Testament – das ist der zweite, jüngere Teil, ich sprach eben davon – habe ich auf der Wartburg während einer Art Schutzhaft aus dem Griechischen übertragen. Und den älteren Teil, der auch von dir berichtet und der die Psalmen enthält, später in Wittenberg. Ich muss allerdings sagen, dass mein Hebräisch nicht so gut ist wie mein Griechisch; da hat mir mein hochverehrter Freund Philipp Melanchthon geholfen.

Grüße ihn von mir!

Danke. Aber wir sind abgeschweift. Ich redete von deiner Geborgenheit in Gott, von der du besonders in der ersten Hälfte des Psalms sprichst.

Ich hatte allerdings manchmal auch Angst vor Gott.

Ach ja, als du mit Batseba ... entschuldige, ich wollte nicht an alte Wunden rühren.

Ich scheue mich nicht, davon zu sprechen. Wenn du alle Psalmen übersetzt hast, weißt du ja sicher, dass ich selbst davon gesprochen habe, in einem Bußpsalm.

Nach unserer Zählung der 51.

Und dass ich an anderer Stelle gesagt habe: »Als ich es wollte verschweigen, verschmachteten meine Gebeine durch mein tägliches Klagen.« Nein, Verschweigen, Verbergen, Verdrängen ist der falsche Weg. Wer seine Schuld vor Gott eingesteht und um Vergebung bittet, der erlebt seine Barmherzigkeit. »Wohl dem, dem die Übertretungen vergeben sind, dem die Sünde bedeckt ist!«

Psalm 32. Ja, das hast du schon früh in deinem Leben erkannt! Wenn ich es doch auch eher erkannt hätte! Ich hätte mir vieles erspart. Allerdings hat es mir auch allerlei Kämpfe eingebracht, als ich es erkannte und vor allem Volk dafür eintrat.

Erzähle! Das interessiert mich.

Ich schrieb 95 Thesen auf, Lehrsätze, die in manchen Punkten, wo es um echte Buße ging, an deine Psalmen erinnerten. Die schlug ich öffentlich an, und ein Sturm ging los. Theologische Diskussionen, eine Bannandrohung durch den Papst; sogar vor dem Kaiser musste ich Rede und Antwort stehen. Das ist ein König wie du, nur dass sein Reich fast vom Schwarzen Meer bis zum Atlantik reicht. Ein äußerst mächtiger Mann. Ich widerrief nicht. So verhängten sie die Reichsacht über mich. Dadurch war ich vogelfrei. Jeder, der wollte, durfte mich töten, er wäre nicht dafür bestraft worden. Aber der Glaube ist des Gewissens Friede. Auch danke ich Gott, dass mein Fürst auf meiner Seite war. Er brachte mich auf der Wartburg in Sicherheit.

Aber die Lawine, die ich losgetreten hatte, war nicht mehr aufzuhalten. Das Evangelium lief durchs ganze Land. Auf mich kamen Kämpfe, Anfeindungen, Bedrohungen, Auseinandersetzungen, aber auch Freiheit des Glaubens, treue Freundschaften, Wagemut ... Ein neues Erwachen für Gott ging über unser Land wie ein fahrender Platzregen.

Seit alldem war in mir die Gewissheit, die du so trefflich beschrieben hast. Ich könnte es mit meinem sprachlichen Talent, das
mir alle immer wieder bescheinigen, nicht besser sagen: »Von allen
Seiten umgibst du mich und hältst deine Hand über mir.«

Haben wir nicht einen wunderbaren Gott?

Katharina Luther:
Ich bin meinem Wesen nach nicht still und zufrieden

David? Der alte König David?

Der bin ich, ja.

Mein Mann sagte mir, er hätte sich mit dir unterhalten.

Dann wird es wohl stimmen. Wer ist dein Mann?

Martin. Dr. Martinus Luther. Ich heiße Katharina.

Ich erinnere mich. Es war ein gutes Gespräch.

Das sagte Martin auch. Es ging um den 139. Psalm. Ich liebe ihn.
Den Psalm meine ich. Meinen Martin liebe ich natürlich auch, aber
jetzt meinte ich den Psalm. Ich kenne ihn gut. Ich kann nämlich lesen, musst du wissen.

Das ist wohl etwas Besonderes?

Allerdings! Nur wenige Frauen können das. Ich komme aus einer
vornehmen Familie und war in einem Kloster; da lernt man so
etwas.

Ein Kloster? Ich dachte, solche Leute heiraten nicht.

Nein, das tun sie auch nicht. Aber ich bin ausgetreten. Genauer
gesagt: geflohen.

Geflohen? War das Kloster denn so etwas wie ein Gefängnis?

Ja. Das sollte es eigentlich nicht sein. Wir sollten freiwillig und gern und durch unser Gelübde gebunden dort sein. Aber ich war nicht freiwillig hingekommen – wie übrigens die meisten vornehmen Frauen nicht –, und das Gelübde war mir aufgezwungen worden. Es hatte auch durch meine veränderte geistliche Erkenntnis seinen Wert verloren.

Veränderte geistliche Erkenntnis? Darunter kann ich mir nichts vorstellen.

Nicht? Ich dachte, Martin hätte es dir erklärt! Es war seine – nun, sagen wir – Neuentdeckung: Dass wir nicht durch unser Tun gerecht werden vor Gott, sondern durch seine Gnade. Dass wir nicht selbst uns ewiges Leben erarbeiten oder gar kaufen können, sondern dass er uns auf ewigem Wege leitet, um es mit dem Schlussvers dieses Psalms zu sagen.

Ach, das meinst du. Ja, das hat er mir erklärt. Und da hieltest du es nicht mehr für nötig, um deines Heils willen im Kloster zu bleiben?

Wie Martin auch.

Und hast die Flucht ergriffen?

Heimlich, hinter den Heringstonnen auf dem Wagen eines Händlers versteckt.

So dramatisch?

Das wachsame Auge der Äbtissin war fast überall. Aber eben nur fast, glücklicherweise. Nicht so wie bei dem ewigen Gott: »Wohin soll ich gehen vor deinem Geist, und wohin soll ich fliehen vor deinem Angesicht?«

Ist es nicht gut, dass überall seine Hand uns führt und seine Rechte uns hält?

Wunderbar ist das! Versteh mich nicht falsch, David! Die Aufsicht anderer Menschen, auch von Menschen der Kirche, habe ich als Gefängnis empfunden, aber niemals das Auge Gottes.

Im Gegenteil – seine Hand zwingt uns ja nicht, aber sie führt uns den richtigen Weg, sie hält uns, wenn wir fallen.

So ist es! Das habe ich hundertfach erlebt. Sie hat mich in die Ehe geführt mit meinem Martin. Nachdem ich erst einen anderen heiraten wollte, der mich dann aber sitzen ließ. Seine Familie hielt es wohl immer noch für eine Sünde, eine entflohene Nonne zu heiraten. So nahm mich Martin, der jene Ehe hatte einfädeln wollen, schließlich selbst zur Frau. Die Hand Gottes hat uns gehalten in Krisen, von denen es reichlich gab.

Es ist eine glückliche Ehe?

Eine glückliche Ehe ...? Wenn ich zögere, um zu überlegen, dann schließe daraus nicht, dass uns die Liebe abhanden gekommen wäre, wie es leider oft geschieht. Es ist nur ein Wort, das einem zu leicht von den Lippen geht: eine glückliche Ehe. Aber ich beantworte deine Frage ganz bewusst mit »ja«. Wir haben jeder den anderen als klugen Berater und Freund. Deshalb nennt mich Martin in seinen Briefen oft »Herr Käthe«. Martin und ich sprechen sehr viel über das, was uns beschäftigt. Er schätzt mein theologisches Urteil und lässt mich an seinen Tischgesprächen mit Freunden und Studenten teilnehmen. Diese Gemeinsamkeit macht mich in unserer Ehe glücklich. Du verstehst vielleicht nicht so viel davon, aber ...

Warum meinst du das?

Nun, du hattest ja mehrere Frauen, David, und das schätze ich nicht an dir. Sauls Tochter Michal, dann Abigail, dann Batseba ... ach, ich muss sie dir ja nicht aufzählen. So viele waren es ja auch wieder nicht, dass du dich nicht mehr erinnern könntest. Wie kannst du bei so vielen Frauen eine gute Ehe geführt haben!

Ich schätze deine Offenheit, Katharina.

Ich bin ein Mensch, der auch sagt, was er denkt.

Dann sage mir noch genauer, was du über eure Ehe denkst. Wir waren eben mit unserem Gespräch auf einen Nebenweg geraten.

Glücklich ist unsere Ehe, ja. Aber nicht nur, weil wir uns lieben, sondern weil wir sie unter Gott führen. Jesus Christus nachfolgen ist nicht nur etwas, worüber Martin predigt und schreibt. Es bestimmt auch unser Leben in der Familie. Über meinem Eheherrn steht der Herr und über mir genauso, und das bestimmt unsre Ehe.

Wenn Martin in ganz Deutschland herumreist und überall in Gefahr ist, weiß ich, es gilt für ihn wie für mich: »Ich gehe oder liege, so bist du um mich und siehst alle meine Wege.« Darin besteht das Glück. Wenn uns das Geld ausgeht, aber Martin wieder viele Gäste mitbringt, wenn ich viele Jahre selbst Brot backen, Bier brauen, den Garten versorgen muss, dann weiß ich: »Alle Tage – gute wie schwere – sind in dein Buch geschrieben.« Das ist für mich Glück. Und wenn Martin erschöpft ist von tausend Pflichten oder in trübsinnige Gedanken fällt und ich ihm keinen Halt geben kann, aber auf den verweisen, dessen Hand uns immer und überall hält, dann bin ich darin glücklich. Das Glück war nicht immer wie Sonnenschein, aber oft wie ein bergendes Haus mit wärmendem Herd bei Sturm und Regen und Kälte. Verstehst du das, David?

Ja, das verstehe ich. Und – damit du nicht denkst, ich wollte deinen Vorwurf wegen meiner Frauen vom Tisch wischen – ein wenig beneide ich dich. Und deinen Martin. Aber ich habe keinen Grund, dich wegen dieser Geborgenheit im Glauben zu beneiden, denn die habe ich genauso erfahren. Gerade wenn meine Probleme mit den vielen Frauen zu tun hatten. Etwa, als Michal sich von mir zurückzog, weil sie meinen Gottesdienst nicht guthieß. Oder als ich in schwere Sünde fiel, weil ich Batseba haben wollte. Oder als ihr und mein erstes Kind starb. Oder als die Söhne der verschiedenen Frauen sich um das Erbe und den Thron stritten. »Von allen Seiten umgibst du mich und hältst deine Hand über mir.« Nicht nur, wenn ich schuldlos in Krisen geriet, konnte ich ihn um Hilfe bitten, sondern auch, wenn ich mich selbst hineingeritten hatte, konnte ich seine Vergebung, seine Hilfe, seine Nähe suchen.

So habe ich es auch erfahren. Wie könnte je ein Mensch Gottes Nähe spüren, wenn sie nur der erlebte, der sich nichts hat zuschulden kommen lassen! Ich bin meinem Wesen nach nicht still und zufrieden, sondern oft aufbegehrend und hart. Ich bin nicht immer fest im Glauben und habe in Christus genug, sondern schwanke und zweifle, wie neulich, als ein Schweizer Studiosus gegen unsre Ehe wetterte. Aber da mich der Herr nicht annimmt um meiner Werke oder meines Wesens willen, sondern aus Gnade und Barmherzigkeit, kann ich getrost sein.

Unser aller Schuld ist groß, aber immer ist Gottes Gnade größer. »Erforsche mich, Gott, und erkenne mein Herz. Und sieh, ob ich auf bösem Wege bin, und leite mich auf ewigem Wege!«

Ich habe den Eindruck, Katharina Luther, du bist eine starke Frau.

Ich bin eine Frau mit einem starken Gott.

August Hermann Francke:
Wir tragen unseren Namen mit Stolz

Erlaube, David, dass ich dir eine kritische Frage stelle. Es ist mir ein wenig peinlich, denn solch berühmten und gesegneten Männern, wie du es bist, soll man wohl nicht mit Kritik gegenübertreten.

Ich bin schon so oft kritisiert worden – da wird mich deine Anfrage wohl auch nicht umwerfen.

Danke, dass du mich so ermutigst, David. Es geht auch wirklich nicht um Rechthaberei. Im Gegenteil, ich will mich gern unter die Heilige Schrift stellen. Aber was du sagst, ist doch ziemlich hart.

Wieso hart?

Ich sollte mich zunächst vorstellen. Mein Name ist Francke. August Hermann Francke, Pfarrer und Leiter eines Waisenhauses in Halle an der Saale.

Aha. Ich gestehe, dass mir das nicht viel sagt.

Ein Waisenhaus ist eine Einrichtung, in der Kinder ohne Eltern aufgenommen werden. Und versorgt und erzogen. Sie bekommen sogar eine gute Ausbildung. Du musst wissen, David, das ist in unserer Zeit etwas ganz Besonderes. Ich weiß nicht genau, wie es in deiner Zeit war. Aber heute können sich nur reiche Eltern eine qualifizierte Ausbildung für ihre Kinder leisten. Waisen sind dazu verurteilt, arm und unwissend zu bleiben. Nicht selten enden sie als Bettler oder als Kriminelle.

Das war wohl zu allen Zeiten so, wenn nicht barmherzige Menschen sich der Kinder angenommen haben.

Eben, und darum habe ich mit vielen Helfern und durch Gott dazu geleitet und mit Kraft und Glaubensmut ausgerüstet vor den Toren von Halle mit einer kleinen Waisenschule angefangen, die sich immer mehr ausgeweitet hat und nun ein großes Werk geworden ist. Es geht nicht nur um mildtätige Hilfe um Jesu willen; bei uns wird auch Theologie betrieben und vieles andere. Wir sind so etwas wie der Mittelpunkt des Pietismus.

Des was?

Ach so, entschuldige, das kannst du ja nicht wissen. »Pietisten« war anfangs ein Schimpfwort, mit dem man uns als Frömmler verspotten wollte. Aber wir tragen den Namen jetzt mit einem gewissen Stolz. Jawohl, der Herr Jesus, der um unseretwillen so viel gelitten hat, ist es wert, dass wir um seinetwillen auch ein wenig Spott ertragen.

Nun ja, sicher ...

Verzeih, David, ich spreche so einfach von den neutestamentlichen Heilswahrheiten, die dir ja gar nicht bei Lebzeiten bekannt waren. Aber wir sehen eine klare Linie von Gottes Geschichte mit den Menschen im alten Bund zum neuen Bund. Darum irritiert mich ja die Stelle im 139. Psalm so.

Jetzt kommen wir auf deine eigentliche Frage zu sprechen, nicht wahr?

Ja. Du schreibst da, nachdem du ausführlich, staunend und anbetend von Gottes Gegenwart gesprochen hast – ich zitiere wörtlich: »Ach Gott, wolltest du doch die Gottlosen töten! Denn sie reden von dir lästerlich, und deine Feinde erheben sich mit frechem Mut. Sollte ich nicht ...«

Ich kenne die Stelle ...

Ich weiß, David, zu deiner Zeit hatte sich der liebende Gott noch nicht in Jesus gezeigt, aber trotzdem – wenn du Aussagen über Gott machst, müssen sie ihn ja auch zutreffend beschreiben. Immerhin steht das alles in der Heiligen Schrift.

Welche Aussage habe ich denn an dieser Stelle über Gott gemacht?

Äh ... na ja, eigentlich ...

Ich habe mich darüber beklagt, dass er die Gottlosen eben nicht tötet, stimmt's?

Ja, genau genommen. Hm. Wenn ich's mir recht überlege, hast du hier gar nichts Falsches über ihn gesagt.

Es freut mich, dass du mir zustimmst.

Du hast aber über dich selbst etwas gesagt. Du wolltest, dass die Gottlosen getötet werden, und beklagst dich, dass Gott das nicht will. Da bist du ein schlechtes Vorbild! Du solltest von Gottes Geist so erfüllt sein, dass du seine Liebe widerspiegelst! Wer ihm gehört, darf nicht hassen, sondern nur lieben. Auch solche, die gegen Gott sind. Was meinst du, welche Anfeindungen wir hier beim Aufbau unserer Anstalt erdulden mussten! Wie sogar jene, denen unsere Hilfe galt, sich oft gegen uns gestellt, uns enttäuscht haben. Da muss man im Geiste Jesu geduldig und voll Liebe bleiben!

Schön, dass du das konntest, August Hermann.

Oh – das ... das klingt jetzt so, als wollte ich mich als Vorbild ... Verzeih, David, so war es nicht gemeint.

Du meinst also nicht, dass du immer richtig im Sinne des Herrn gehandelt hast?

Nein, ganz und gar nicht!

Warum erwartest du es dann von mir?

Äh – ich weiß nicht. Vielleicht, weil das in der Bibel steht.

Es stehen noch mehr Beispiele von menschlichem Versagen und Irrtümern in der Bibel.

Hm. Das ist wahr. Du willst also sagen, was du da geschrieben hast, war zwar zu dem Zeitpunkt deine Meinung, aber heute würdest du das nicht mehr so sehen?

Das könnte man vielleicht so sagen. Aber machen wir es uns nicht zu bequem: Das gilt nicht mehr – fertig. Lass uns ein wenig genauer darüber nachdenken, was meine Motive waren. Du als Experte in Sachen Nächstenliebe kannst mir ja dabei helfen.

Na, ja, so möchte ich mich dann doch nicht verstanden wissen.

Die Feinde reden von Gott lästerlich. Seine Feinde sind sie zunächst. Und nur darum sind sie auch meine Feinde. »Sollte ich nicht hassen, die dich hassen, und verabscheuen, die sich gegen dich erheben? Ich hasse sie mit ganzem Ernst. Sie sind mir zu Feinden geworden.«

Du meinst also, deine Haltung entstand nur aus der Identifikation mit dem Herrn und seiner Sache?

Weitgehend.

Hm. Ja, das leuchtet mir ein. Trotzdem darf man ja nicht hassen, denn Gott hasst auch nicht. Er straft wohl und kann auch zornig sein, aber sein Zorn will immer zurechtbringen, heimsuchen sozusagen ... Oh, pardon! Das klingt jetzt vielleicht etwas oberlehrerhaft. Als wenn es mir anstünde, dich zu belehren, David. Der Pädagoge bricht immer wieder bei mir durch.

Auch ein Pädagoge lernt nie aus. Auch er darf sich irren oder unsicher sein.

Selbstverständlich.

Hast du nicht auch bei mir eine gewisse Unsicherheit bemerkt?

In dem Psalm? In diesem Zusammenhang? Nein.

Lies die nächsten Verse.

»Erforsche mich, Gott, und erkenne mein Herz.« Ach so – du warst dir selbst wohl nicht sicher, ob das mit dem Hassen so richtig war?

Wenn wir uns über unsere eigenen Motive im Unklaren sind – Gott ist sich darüber immer klar. Er durchschaut uns durch und durch. Wir können nichts vor ihm verbergen. Brauchen wir auch nicht. Im Gegenteil – es ist wohltuend und heilsam, vor ihm alles offen zu legen, was in uns ist.

»Prüfe mich, und erkenne, wie ich's meine.«

»Und sieh, ob ich auf bösem Wege bin, und leite mich auf ewigem Wege.«

Ich danke dir für das Gespräch, David. Du hast mir geholfen. Übrigens – von dieser kritischen Stelle abgesehen war ich immer ganz begeistert von deinem Psalm! Dieser Blick auf Gott und zugleich der Blick auf seine weite Schöpfung – von den Nieren und dem Gebein bis zur Morgenröte und dem äußersten Meer – das ist großartig. So halten wir's auch bei uns zu Halle. Manche werfen uns Pietisten frommes Scheuklappen-Denken vor. Aber nichts ist falscher als das! Unsere Waisenkinder lernen in der eigenen Apotheke manches aus der Heilkunde. Sie schleifen selbst Linsen für astronomische Beobachtungen und vieles andere. Weltoffen wollen wir sein und doch die ganze Welt im Zusammenhang mit ihrem Schöpfer sehen. So wie du!

Ich freue mich, dich ein wenig kennen gelernt zu haben, August Hermann. Und deine Anstalt. Und die Pietisten.

Die Freude war ganz auf meiner Seite, David.

Johann Sebastian Bach:
Den Menschen Gottes Wort
ins Herz singen

»Wie schwer sind für mich, Gott, deine Gedanken! Wie ist ihre Summe so groß.«

Du singst meine Worte? Es klingt anders, als ich sie gesungen habe.

David, nehme ich an? Gott grüße dich, König und Sänger! Es ist mir eine Ehre, dich kennen zu lernen. Ich bin nur ein Musikus und Kantor und sächsischer Hofcompositeur, aber habe keinerlei weltliche Macht, wie du sie hattest. Bach ist mein Name, Johann Sebastian Bach.

Darf ich daraus schließen, dass man zu deiner Zeit vom Musik-machen leben kann?

Mehr schlecht als recht. Dabei geht es mir noch besser als manchen Kollegen, die fast am Hungertuch nagen. Ich darf mit Stolz sagen, dass meine Musik sich der Zustimmung der Menschen erfreut, vom Fürsten angefangen bis zu den einfachen Besuchern des Leipziger Kaffeehauses. Nur manche Gottesdienstbesucher in der Thomaskirche finden meine Orgelpräludien zu kompliziert und schlummern regelmäßig ein. Ihnen wäre die eingängige Musik meines geschätzten Kollegen Telemann lieber. Und auch die Mitglieder des Leipziger Rates sind trotz eines gewissen Respektes, den sie mir entgegenbringen, nicht so angetan von meiner Kunst, dass sie eine Erhöhung meines Salärs für gerechtfertigt hielten.

Immerhin – zu meiner Zeit war Musikmachen kein Beruf.

Erst später gab es die Tempelsänger, nicht wahr? Zu deiner Zeit gab es den Tempel ja noch nicht.

Richtig.

Ich lebe auch nicht nur von der Musik. Ich muss außerdem die Thomasschüler, die Sängerknaben, in Latein unterrichten.

Ach so – dann muss ich ja nicht neidisch sein.

Ein Scherz, nicht wahr? Du als König!

Übrigens – mir fällt gerade ein: Für eine kurze Zeit war die Musik doch mein Beruf. Als nämlich König Saul von Schwermut befallen wurde, holte man mich an den Hof, damit ich mit meinem Harfenspiel einen heilenden Einfluss auf seine Seele nehmen sollte.

Das finde ich interessant! Sag mir, David, was hast du da gespielt? Lyrische Musik, sanfte Melodien mit Terzparallelen? Oder hast du versucht, die Spannung in seiner Seele aufzunehmen, etwa durch Dissonanzen, um sie dann zur Ruhe im abschließenden Dur-Akkord zu führen? Oder hast du klagende Figurenelemente verwendet?

Ich liebe ein Element, das manche Spötter die Bach'schen Seufzer nennen: eine nach unten fallende Tonfolge, wobei der betonte Taktteil immer noch auf der oberen Ebene liegt und erst der zweite Ton im unbetonten Taktteil den Schritt nach unten macht. Habt ihr die ...

Entschuldige, lieber Musikus, ich kann dir da nicht ganz folgen.

Nicht? Aber bist du nicht auch ein begabter Musiker gewesen?

Mag wohl sein. Aber ich verstehe nichts von der Theorie. Ich habe einfach ausprobiert, was klingt, und es dann gespielt.

Ach! Nun ja, ich weiß wohl, dass die Musik eine Entwicklung durchmacht. Da ist es eigentlich logisch, dass auch die Theorie zu deiner Zeit noch nicht so entwickelt war. Meine Musik unterscheidet sich wesentlich etwa von den Gregorianischen Gesängen. Und selbst der hochverehrte Kollege Heinrich Schütz hatte einen Stil, der heute nicht mehr den Geschmack der Leute träfe. Wollte ich etwa im Schlussakkord die Terz weglassen und wie er nur mit einer leeren Quinte enden, empfänden die Hörer es als unbefriedigend.

Entschuldige, mein Lieber, ich weiß auch hier nicht, wovon du sprichst.

Nicht? Aber so einfache Dinge wie Terz und Quinte ... entschuldige, das klingt jetzt ein wenig hochmütig, aber so ist es nicht gemeint. Im Gegenteil, gerade weil dir die Theorie nicht zur Verfügung stand, muss man bewundern, was du komponiert hast, nur aus dem eigenen Empfinden heraus. Schade, dass wir heute nicht mehr wissen, wie es geklungen hat.

Kennst du die Melodie »von der Hirschkuh«?

Nein, leider nicht. Uns ist gar nichts überliefert. Wir wissen noch nicht einmal, ob damals die dorische oder die ionische Tonleiter verwendet wurde oder, was wahrscheinlich ist, noch eine ganz andere.

Und darum möchtest du jetzt eine neue Musik zu diesem Psalmtext machen.

Ich weiß noch nicht, ob ich's tue. Aber ich würde schon gerne. Die Worte bedeuten mir viel. »Herr, du erforschest mich und kennest mich. Ich sitze oder stehe auf, so weißt du es; du verstehst meine Gedanken von ferne. Ich gehe oder liege, so bist du um mich und siehst alle meine Wege.«

Tu es doch, wenn du gern möchtest!

Es ist nicht ganz einfach, weil deine Verse ohne System sind. Versteh mich recht, David, deine Dichtung ist großartig, was den Inhalt angeht. Auch seine Bildhaftigkeit ist bewundernswert, und der Aufbau, nach Hauptgedanken und Nebengedanken gegliedert, hat etwas – ich möchte fast sagen, etwas Barockes: im Großen streng und klar, im Einzelnen verspielt. Wunderbar! Aber deine Dichtung ist eben anders. Kein Versmaß, kein Endreim. Ich habe allerdings auch schon Kantaten geschrieben, deren Texte komplett wörtliche Bibelzitate sind. Etwa »Gottes Zeit ist die allerbeste Zeit«, ein frühes Werk von mir. Es geht also. Aber ganz einfach ist es nicht.

Ich gebe dir jede Freiheit, lieber Künstlerfreund, mit meinem Text zu arbeiten, wie es dir gut erscheint. Was heißt hier überhaupt »mein Text«? Es ist Gottes Wort. Und ich bin überzeugt: Alles Bemühen, seine Worte weiterzutragen, eindrücklich zu gestalten, den Menschen ins Herz zu sagen oder zu singen, wird er segnen.

Danke, dass du mich ermutigst, König David! Genau das ist meine Absicht: den Menschen Gottes Wort ins Herz zu singen. Sicher ist es wohl zuweilen auch so, dass andere Motive sich darunter mischen. Stolz etwa, wenn mir etwas gut gelungen ist. Oder einfach Freude an den Klängen, die den Gedanken an die geistlichen Worte in den Hintergrund drängt. Wer könnte sich davon ganz freisprechen! Aber dann bitte ich: »Erforsche mich, Gott, und erkenne mein Herz; prüfe mich und erkenne, wie ich's meine.« Grundsätzlich bleibt es dabei, dass Gott geehrt werden soll durch meine Kunst. Wenn ich so sagen darf, ist dies der cantus firmus im Konzert meiner Gedanken und Motive. Darum pflege ich unter alle Kantaten – und ich verfasse deren viele! Für jeden Sonntag eine neue ! – zu schreiben: »Soli Deo gloria«, allein Gott die Ehre.

Gern würde ich einmal eine solche Kantate zu Ohren bekommen. Aber ich fürchte, meine Hörgewohnheiten sind so verschieden von den deinen, dass ich nicht so viel Freude daran hätte.

Das mag wohl so sein, verehrter König. Ist es nicht merkwürdig, dass trotz des großen Abstandes unserer Zeiten und Kulturen deine Psalmworte immer noch unsere Herzen berühren?

Weil es Gottes Worte sind. Und weil sie Erfahrungen beschreiben, die alle Menschen aller Zeiten gleichermaßen machen können. Die Gotteserfahrungen ändern sich nicht. Auch die Gefühle und das Wesen der Menschen ändern sich wohl nicht wesentlich.

Weil das so ist, könnte ich wenigstens versuchen, wenn schon nicht meine Musik, so doch die Gefühle zu beschreiben, die dich übermannen würden, wenn du am nächsten Sonntag in der Thomaskirche zu Leipzig sitzen könntest.

Gerne.

Ich weiß nicht, was du bei den Klängen von Oboen oder Violinen empfinden würdest. Ob für dich auch eine Flöte lieblich und eine Trompete festlich klänge. Ob eine Pauke zur Betonung des Rhythmus' für dich etwas Majestätisches wäre und dich erheben oder zu Taten anregen würde. Ob das filigrane Rankenwerk zweier sich umspielender Stimmen in dir das Gefühl von Leichtigkeit und Freude auslösen würde. Sicher aber wärst du beim Schlusschor ergriffen. Wenn die Kirche bis zum Deckengewölbe hinauf erfüllt ist von Klängen, die in ihrer Harmonie und zugleich ihrer quirligen Lebendigkeit die Vielfalt der Schöpfung widerspiegeln. Um dich her, in deinem Inneren ist Rhythmus, Bewegung, Klang in unfassbarer Fülle. Die Musik erhebt das Herz, weil du spürst, was sie sagen will: So ist Gott – um mich her, in meinem Inneren, mächtig, mitreißend, unbegreiflich in seiner Fülle und doch voller Harmonie.

»Von allen Seiten umgibst du mich und hältst deine Hand über mir.«

»Diese Erkenntnis ist mir zu wunderbar und zu hoch. Ich kann sie nicht begreifen.« Aber ich kann sie mit meiner Musik vielleicht ein ganz klein wenig fassbar machen. Soli Deo gloria!

Friedrich der Große:
Jeder soll nach seiner Façon selig werden

Ich wollte schon immer mal ein wenig mit dir parlieren, David.

Mit wem habe ich die Ehre ...?

Fredericus Rex. Bin auch ein König. Von Preußen. Friedrich der Zweite von Hohenzollern.

Angenehm. David.

Ich weiß. David, Gründer einer Königsdynastie, begabter Politiker und Stratege, zugleich Musiker und Dichter.

Ich fürchte, ich habe dich eben nicht ganz verstanden. Was wolltest du von mir?

Parlieren. Verzeih – das Französische fließt immer wieder in unsere Umgangssprache ein. Bei uns pflegt man in den gehobenen Kreisen französisch zu sprechen.

Und worüber wolltest du mit mir parlieren?

Nun, über einen deiner Psalmen vielleicht. Aber ich habe eigentlich nichts Konkretes zu fragen. Es lag mir einfach daran, dich kennen zu lernen und zu konstatieren, ob eine Seelenverwandtschaft existiert.

Weil du auch König bist wie ich? Es gab und gibt sehr viele Könige!

Wohl wahr, Monsieur David, wohl wahr. Aber nur wenige, die wie du und ich politisches und strategisches Talent einerseits und musisches andererseits in sich vereinen.

Musisches?

Ich bin auch ein Künstler, musst du wissen. Spiele die Traversflöte recht manierlich, habe mich auch als Compositeur versucht. Vielleicht darf ich sogar für mich in Anspruch nehmen, eine gewisse Passion für die Architektur zu haben. Nach meinen Entwürfen wurde zum Beispiel Sanssouci ... nun, das führt uns zu sehr ins Detail. Jedenfalls fühle ich mich, auch wenn ich in den diversen Künsten nur dilettiere, eher als Musenfreund denn als Heerführer.

Wie schön für dich, Friedrich von Hohenzollern.

Der Zweite! Friedrich der Zweite. Mein Vater Friedrich Wilhelm – nichts Schlechtes über ihn, auch wenn er mir unsägliches Leid zufügte – hat mir nicht nur den Königstitel, sondern auch eine volle Staatskasse hinterlassen, welche ebenso wie meine strenge Erziehung Ausfluss seiner Disziplin war. So konnte ich also das ganze Heer, welches in Europa geachtet und gefürchtet ist ... aber was langweile ich dich! Ich wollte ja mit dir über die Kunst par ... reden.

Über die Kunst?

Über die Dichtkunst, da ich vermute, dass deine Musik zu jener Zeit noch wenig erforscht und in Regeln gefasst war, was eine Conversation über so lange Zeit compliciert. Auch weiß ich nicht, wie deine Musik klang. Über deine Worte dagegen lässt sich trefflich reden, da sie mir in Übersetzung vorliegen.

Möchtest du etwas fragen? Verstehst du etwas darin nicht?

Ich gestehe, dass es nicht ein Problem des Verstehens ist, eher des Akzeptierens. Nehmen wir diesen Psalm 139. Mit welcher Selbstverständlichkeit gehst du hier davon aus, dass Gott überall und immer präsent sei.

Das ist er ja auch.

Und dass er dich und alle anderen menschlichen und auch sonstigen Wesen geschaffen habe.

Das hat er auch.

Niemand nimmt es dir übel, David, wenn du das sagst, weil du so empfindest. Aber Monsieur Voltaire sagt ... oh, vergessen wir ihn, wir haben uns im Unfrieden getrennt, was natürlich nicht impliziert, dass er Unrecht haben muss. Aber ich brauche seine Zitate nicht, um meine Ansicht zu formulieren. Nun denn: In unserer aufgeklärten Epoche soll niemand seine subjektive Ansicht zur objektiven Wahrheit erklären. Glaubt jemand an Gott – wohlan. Glaubt jemand an einen anderen Gott oder stellt er ihn sich anders vor – wohlan. Glaubt jemand an keinen Gott – wohlan. Ich habe den Streit der vielerlei Confessiones satt. Ohne Toleranz könnte unser Staat Preußen mit seinen vielen Völkern und Emigranten nicht existieren. Darum gilt bei uns: Jeder soll nach seiner Façon selig werden.

Aha. Wird er denn?

Wie meinen?

Wird denn jeder selig, ganz gleich, was er glaubt?

Weiß ich's? Das kümmert mich nicht.

Aber ob du selbst selig wirst, das kümmert dich doch wohl?

Äh – nein, genau genommen kümmert mich auch das nicht.

Hm. Hast du dich nicht vorhin als weitsichtigen Politiker geschildert? Wie kann einer vorausschauend sein und an die Zeit nach seinem Tod nicht denken?

Nun, Monsieur, das kann ich erklären: Er kann es, weil er überzeugt ist, dass es nach seinem Tod keine Zeit gibt. Eben deshalb kann ich ja nichts anfangen mit Sätzen wie: »Bettete ich mich im Totenreich, siehe, so bist du auch da.« Das ist, wenn ich mich recht entsinne, der achte Vers in deinem Psalm. Das Totenreich ist kein Reich. Es ist ein Nichts. Einfach gar nichts.

Nach deiner subjektiven Ansicht.

Richtig. Und der von Monsieur Voltaire und den meisten klugen Denkern dieses aufgeklärten siècle.

Hm. Ist das der Grund für deine Kriege?

Woher weißt du von meinen Kriegen?

Ich hörte das vor einiger Zeit. Außerdem hast du dich doch vorhin als Strategen vorgestellt.

Ich habe in der Tat viel zu kämpfen gehabt. Die Schlesischen Kriege gegen Habsburg ... aber wenn du das sowieso schon weißt! Verrate mir nur, was die Kriege mit meiner agnostischen Weltanschauung zu tun haben sollen!

Wer kein Ziel im Jenseits und in der Ewigkeit hat, muss verzweifelt Ziele im Diesseits suchen. Er muss das Beste aus dem bisschen Leben herausholen.

Hatte ich nicht die Pflicht, alles zu tun, um Preußen großzumachen? Und alle meine Untertanen auch?

Wohl mehr für dich persönlich.

Das ist eine Unterstellung!

Ich habe gehört, man erzählt sich, als die armen Bauernjungen in einer Schlacht mal nicht angreifen wollten, aus verständlicher Angst, hättest du ihnen zugerufen: »Hunde, wollt ihr ewig leben!«

Woher weißt du ...

Stimmt es?

Mag sein. Ich kann mich nicht erinnern.

Das unterstreicht noch, wie unwichtig dir andere Menschen waren. Aber deren Façon, selig zu werden, sollte wohl sein, für ihren König zu sterben?

Was willst du, David? Hast du nicht auch Männer in Schlachten geschickt?

Doch, leider. Ich sprach davon auch nicht, um dir deine Kriege vorzuwerfen. Ich wollte zeigen, wie ärmlich es ist, wenn ein junger Mensch, nur um dem Hunger zu entgehen, sich in deinem Heer anwerben lässt, schrecklichem Drill ausgesetzt ist, dann in blutige Schlachten ziehen muss und dann auch noch gesagt bekommt: »Stürz dich nur in den Tod, du Hund! Wie lange willst du denn noch leben?« Wie schrecklich, wenn dann dieses traurige und kurze Leben alles gewesen sein soll!

Die Tragik ändert nichts an den Tatsachen. Meinst du etwa, ich hätte ein schönes Leben, nur weil ich mein Schloss Sanssouci genannt habe, »ohne Sorge«? Das war mehr Wunschdenken!

So wie deine Weltanschauung?

Und meine Gicht hat mir das Leben zur Hölle gemacht!

Wie schade, dass du da nicht einen liebenden Gott nah bei dir wusstest!

Charles Darwin:
Ist die Entstehung der Arten Schöpfung?

Guten Tag, Majestät. Äh – mag sein, dass mein Gruß unpassend ist. Dann verzeih, Hoheit. Vielleicht gibt es da, wo du bist, ja weder Tag noch Nacht.

Du hast Recht. Es ist ein ewiger, lichter Tag hier, und gut ist er auch. Unpassend an deinem Gruß ist eher die Anrede.

Warst du nicht ein König? König Israels? Wir reden unsere Könige mit Hoheit an.

Es gibt hier nur eine Hoheit. Sag einfach David zu mir!

Danke. Mein Name ist Darwin, Charles Darwin. Ich bin Wissenschaftler. Es tut mir Leid, äh ...

Wieso tut dir das Leid? Es ist doch keine Schande, Wissenschaftler zu sein.

Natürlich nicht, ist schon klar. Ich meine nur – es kann ja sein, dass ich dich ärgere mit meinen wissenschaftlichen Erkenntnissen, verehrter David ...

Warum solltest du? Das verstehe ich nicht.

Weil du ein frommer Mann bist, und was ich in meinem Buch niedergeschrieben habe, könnte von Gläubigen als – nun, als Widerspruch zu biblischen Aussagen verstanden werden.

Tatsächlich? Hm. Entweder ist dann deine Erkenntnis falsch, oder sie trifft zu und die Auslegung der Heiligen Schrift ist falsch. Einen echten Widerspruch kann es nicht geben zwischen dem, was Gott uns wirklich sagt, und dem, was die Wissenschaft erkennt, vorausgesetzt, sie irrt nicht.

Du sprichst genau mein Problem an, David. Genau mein Problem. Deshalb habe ich mein Werk »Die Entstehung der Arten« noch jahrelang zurückgehalten. Ich weiß einfach nicht, ob ich Recht habe und damit meinen Glauben – ich betone: meinen eigenen Glauben! – zum Einsturz bringe, oder ob ich mich vielleicht doch irre. Obwohl ich mir das wirklich nicht vorstellen kann.

Hm. Und die andere Möglichkeit? Ich meine, dass dein Glaube zwar grundsätzlich richtig ist, aber an dem Punkt in die falsche Richtung geht, wo er deiner Wissenschaft widerspricht?

Ich weiß es eben nicht. Ich bin hin- und hergerissen, David.

Du tust mir Leid, Charles. Aber ich weiß nun nicht, wie ich dir helfen kann. Ich bin ja kein Wissenschaftler.

Ja, ich weiß. Ich muss das erklären. Ich kam darauf, dass du mir vielleicht helfen könntet, als ich diesen Psalm las. Den 139. Da schreibst du an einer Stelle: »Du hast meine Nieren bereitet und hast mich gebildet im Mutterleibe.« Soweit – so gut. Dass wir Menschen alle aus dem Mutterleib kommen, darin sind wir uns ja einig.

Etwas weniger Zustimmung gibt es schon bei dem anderen Punkt: »Du hast mich bereitet.«

Wir sind nicht nur das Ergebnis von Zeugung und Wachstumsprozess im Mutterleib, sondern in all dem sind wir auch Schöpfung Gottes.

Ich freue mich, dass du das in dieser Klarheit sagst, David. Schöpfung Gottes heißt ja nicht, dass aus dem Nebelhaften, aus dem Nichts, plötzlich etwas unerklärlich dasteht. Wenn ein Kind geboren wird, und es liegt nun da, mit allen Organen, gesund, voll lebensfähig, dann freuen sich die Eltern und sprechen von einem Wunder. Sicher zu Recht, obwohl man das Wunder doch erklären kann. Wenigstens bis zu einem gewissen Grad. Dabei macht es doch eigentlich ein Wunder aus, dass es unerklärlich ist.

Ja. Sicher. Du hast Recht. Ich weiß nur nicht, was du damit sagen willst.

Verzeih, David. Ich bin einfach in dieser Sache etwas durcheinander. Ich will mal zunächst fragen: Warum schreibst du an anderer Stelle dieses Psalms: »Es war dir mein Gebein nicht verborgen, als ich im Verborgenen gemacht wurde, als ich gebildet wurde unten in der Erde«?

Hm. Ich verstehe. Du siehst da einen Widerspruch: Einerseits gebildet im Mutterleib, andererseits gebildet unten in der Erde.

Darauf bin ich gestoßen, ja. Und ich sehe darin die zwei grundsätzlich unterschiedlichen Betrachtungsweisen symbolisiert. Gebildet unten in der Erde – das ist die mystische, vielleicht sogar die mythische Vorstellung. Gebildet im Mutterleib – das ist die exakte, fast möchte ich sagen, die naturwissenschaftliche Vorstellung. Andererseits: von einer Mutter geboren – das ist nur das, was einen Menschen betrifft. In der Erde gemacht – das könnte auf den langen Weg hindeuten, da geht es um viele Generationen ...

Es tut mir Leid, Charles, aber ich verstehe immer noch nicht ... Du sprichst in Rätseln!

Dann will ich ganz schlicht und einfach fragen: Bist du im Mutterleib oder unten in der Erde gebildet worden?

Hm. Da bringst du mich in einige Verlegenheit. Wenn ich eins bestätige, sage ich damit, dass das andere die Unwahrheit ist. So jedenfalls muss es ein Wissenschaftler wie du sehen. Aber bedenke, dass ich kein Wissenschaftler bin. Als Psalmdichter war ich eher Künstler. Vielleicht auch ein bisschen ... nun, sagen wir ruhig: Prophet. Jemand, der ausspricht, was Gott gesagt haben will.

Davon bin ich überzeugt, David. Wenn ich es nicht wäre, hätte ich mich gar nicht an dich gewandt. Was würde mich das Geschreibsel von irgendwelchen Leuten von vor vielen Jahrhunderten interessieren! Gerade weil ich weiß – oder sagen wir: zumindest ahne –, dass du etwas von Gott zu sagen hast, nehme ich diesen Psalm ernst.

Du hast mir eine klare Frage gestellt, die ich nicht im wissenschaftlichen Sinn klar beantwortet habe. Nun schildere mir auch ebenso klar dein Problem. Vielleicht kommen wir dann weiter.

Gut. Aus dem Buchtitel, den ich erwähnte, kannst du schon schließen, dass es um die Entstehung des Lebens geht. Ich bin darauf gestoßen, als ich mit dem Forschungsschiff »Beagle« auf den fernen Galapagosinseln war und feststellte, dass zum Beispiel die Schildkröten auf jeder Insel anders aussahen. Sie hatten keine Verbindung zu der Population auf der Nachbarinsel und haben sich eigenständig entwickelt. Es würde zu weit führen, dir das alles zu erklären, David. Ich sage nur, was die Quintessenz meiner Beobachtungen und meiner Überlegungen ist: Aus niedrigen Lebensformen könnten sich immer höhere entwickelt haben. Kleine Veränderungen bei der Vererbung gibt es immer. Kein Kind gleicht Vater und Mutter genau. Größere Veränderungen, die sich bewähren, sichern das Überleben und werden an die Nachkommen weitergegeben. Veränderungen aber, die hinderlich sind oder schädlich, bewirken, dass die Träger sterben, ehe sie Nachkommen haben. So ergeben sich über lange Zeiträume bei allem Lebendigen Veränderungen zum Besseren hin. Nun – was sagst du dazu?

Oh – darüber muss ich erst nachdenken.

Wenn meine Theorie stimmt, hat sich eine Art aus der anderen entwickelt, zufällig oder besser: aus der Notwendigkeit heraus, besser zu überleben. Der heikle Punkt ist, dass dieses eine Erklärung ist, die – so scheint mir – ohne Gott auskommt.

Aber die Welt, das Leben kommt nicht ohne Gott aus.

Das denke ich auch, David. Aber lässt sich diese Wahrheit mit meiner Theorie vereinbaren? Nein, sagen wir es besser anders herum: Lässt sich meine Theorie mit der Vorstellung einer Schöpfung vereinbaren?

Jetzt verstehe ich deinen Gedanken von vorhin. Man könnte auch fragen: Lässt sich die Tatsache, dass ich Vater und Mutter habe, damit vereinbaren, dass Gott mein Vater ist und dass ich ein Wunder aus seiner Schöpferhand bin?

So ist es. Ich fürchte ... könnte es sein, dass ich die Antworten, die ich eigentlich von dir erwartete, dir mit meinen Fragen schon in den Mund gelegt habe?

Das wäre nicht schlimm. Oft ergeben sich Antworten im Gespräch.

Dann danke ich dir zumindest für das Gespräch, David.

Bitte. Mehr kann ich ohnehin nicht tun. Was ich in diesem Psalm schrieb, gab Gott mir ein. So, wie er auch dem Schreiber des Schöpfungsberichtes eingab, was er niederschrieb. Was es aber nach wissenschaftlichen Gesichtspunkten bedeutet – ich weiß es nicht. Ich bin kein Forscher.

Aber ein guter Gesprächspartner. Unser Austausch hat mir weitergeholfen. Ich will dir nicht schmeicheln ...

Ach was! Gott hat mich ja so gemacht. Ihm danke ich alles. Wir alle sind seine Geschöpfe. Einschließlich unserer Gabe zu forschen, die Welt um uns her zu beobachten und darüber nachzudenken. In Ehrfurcht vor dem, der sie schuf.

Margarethe Steiff:
Die Seelen unserer Kinder sollen stark werden

»Ich danke dir dafür, dass ich wunderbar gemacht bin; wunderbar sind deine Werke!«

Du liest in meinem Psalm?

In deinem Psalm? Bist du David?

Ja. Ich habe ihn aufgeschrieben. Aber ein anderer hat mir wohl die Worte eingegeben.

Ich lese sie nicht nur, ich bete sie, ich lebe sie.

Weil du wunderbar gemacht bist?

Sicher nicht so wunderbar wie Batseba, verehrter David. Wenn du verstehst, was ich meine.

Wie meinst du es denn? Bist du nicht schön? Nicht kräftig und gesund?

Seit einer Erkrankung im zweiten Lebensjahr kann ich meine Beine nicht bewegen und den rechten Arm nur eingeschränkt. Ich bewege mich im Rollstuhl ...

Rollstuhl?

Stell dir deinen Thron mit Rädern wie ein Kampfwagen vor. Nur bescheidener. Und natürlich nicht von Pferden gezogen, sondern von mir selbst bewegt.

Eine gute Erfindung. Isch-Boschet, der letzte Sohn Sauls, musste mit seinen kranken Füßen immer getragen werden.

So viel zum Thema Gesundheit. Und zum Thema Schönheit: Ich bin klein und rundlich und ...

Ich sehe: Wenn du sagst, dass du wunderbar gemacht bist, meinst du etwas anderes. Den Verstand?

Nein, den meine ich auch nicht speziell, obwohl er zu mir gehört wie mein nur begrenzt funktionierender Körper. Ich meine alles – auch das Herz, die Phantasie, die Energie, nicht aufzugeben, die Liebe zu Kindern – alles eben. Übrigens: auch ein Körper, der nicht in allem funktioniert, ist immer noch ein Wunderwerk. Findest du nicht?

Ich habe den Eindruck, eine kluge Frau kennen zu lernen. Sag mir deinen Namen!

Margarethe. Die Kinder haben immer Tante Gretel zu mir gesagt. Aber da ich jetzt eine Fabrik leite, haben die Leute Respekt vor mir und sehen es nicht gern, wenn die Kinder mich so nennen. Margarethe Steiff.

Eine Fabrik? Du stellst etwas her? Was denn?

Bären. Auch Tiger, Löwen, Elefanten, sogar Schlangen und dergleichen, aber hauptsächlich Bären.

Willst du mich auf den Arm nehmen? Tiere werden ...

Oh, entschuldige, das habe ich nicht richtig erklärt. Ich stelle natürlich nicht diese Tiere her, sondern Kinderspielzeug, das diese Tiere nur darstellt.

Ach so. Aber wieso Raubtiere? Damit erschreckst du die Kinder doch! Oder ist das für Jungen gedacht, damit sie am Spielzeug lernen, die Tiere zu bekämpfen, und wenn sie groß sind ...

O nein, nein! Ganz und gar nicht! Die Tiere sind zum Liebhaben ...

Zum ...?

Ich weiß nicht, David, ob ihr schon Spielzeug für Kinder hattet. Aber wenn, dann sicher nur aus gebranntem Ton oder aus Holz. Meine Tiere sind weich, aus Stoff genäht und mit weichem Material gefüllt, und sie sehen einen freundlich an. Die Kinder können damit spielen und sie mit ins Bett nehmen.

Aber Bären sind nicht so! Und Löwen und Elefanten auch nicht! Als ich noch ein Hirtenjunge war, wurde meine Herde einmal von einem Bären bedroht. Du machst dir keine Vorstellung, was das für eine Gefahr bedeutet! Ich habe ihn erschlagen, um meine Schafe zu retten.

Ich kenne das Erlebnis, David. Ich lese viel in diesem herrlichen Buch, in dem die Geschichte Gottes mit den Menschen aufgezeichnet ist. Auch seine Geschichte mit dir.

Dann weißt du auch, dass das Leben ein Kampf ist und kein liebliches Spiel!

Das weiß ich sehr wohl, David, auch aus eigener Erfahrung. Aber sollten wir nicht den Kindern Freude und Geborgenheit gönnen, damit ihre Seele stark wird und sie später den Kampf des Lebens

besser bestehen können? Und denk an die Geborgenheit in Gott –
du hast sie so treffend beschrieben: »Von allen Seiten umgibst du
mich und hältst deine Hand über mir.« Es erweist sich immer wieder, dass dieses Wissen der Geborgenheit Menschen schwer fällt,
die als Kinder keine Geborgenheit erlebt haben. Natürlich liegt beides nicht auf der gleichen Ebene. Trotzdem knüpft Gott, wenn er
zu uns redet, an die Empfindungen unserer Seele an. Und die sind
in der Kindheit geprägt worden.

*Hm. Vielleicht hast du Recht, Margarethe. Ich verstehe nicht viel
von Kindererziehung. Bei Königen machen das andere. Und bei
Kriegern erst recht. Und ich war beides.*

Schade. Aber du erinnerst dich sicher, dass du als Hirtenjunge
manchmal ein Lämmchen in die Arme genommen und liebevoll an
dich gedrückt hast?

Woher weißt du das? Steht das auch in dem Buch?

Nein, aber jedes gesunde Kind würde das tun. Leider gibt es aber
für die Menschen meiner Zeit nicht genug Lämmchen. Ich meine
lebendige. Da ist eins aus Stoff ein guter Ersatz. Und bei mir sind
sogar die Bären freundlich.

Hm. So gesehen magst du Recht haben.

Millionen von Kindern sehen es so.

Dann ist deine Tierherstellung wohl sehr erfolgreich?

Ziemlich. In alle Welt werden sie verkauft. Besonders die Bären.

Ich gratuliere dir.

Und ich danke Gott. Sieh mal, David: Du warst ein Hirtenjunge, der jüngste Sohn von Isai, nichts Besonderes. Wenn dich jener Bär erschlagen hätte oder gerissen oder wie man da sagt, hätten deine Brüder ein paar Tage getrauert, dein Vater ein paar Wochen, deine Mutter ein paar Monate, und dann wärst du vergessen gewesen. Und aus so einem unbedeutenden Kind ist ein König geworden, ein Dichter und Musiker, ein Mann nach dem Herzen Gottes.

Du willst damit sagen, wie wichtig es ist, dass wir die Kinder fördern, im Gedanken daran, was noch mal aus ihnen werden kann?

Das stimmt zwar auch, aber das wollte ich nicht sagen. Ich wollte von mir sprechen und mich – verzeih mir die Anmaßung – mit dir vergleichen: Auch ich war ein Kind ohne Chancen. Dass mein Leben dann noch so viel Gutes enthielt, ist ein Geschenk unseres Gottes.

So, wie er mir Musikalität und Sprache, Kraft und militärisches Geschick gab, gab er dir die Kunst zu nähen, Phantasie, Liebe zu den Kindern ... ach, das sagtest du ja schon.

Gott hat dich und mich wunderbar gemacht.

Und alle anderen Menschen auch. Viel wunderbarer als du deine Bären machst, auch wenn ich die nicht kenne. Alle unsere Gaben sind von ihm. Und wenn wir uns mit all unseren Fähigkeiten und Grenzen ihm zur Verfügung stellen, kann er etwas aus unserem Leben machen, das ihn ehrt.

Ich wusste, David, du verstehst mich.

Albert Einstein:
Ich bin kein religiöser Mensch

Gestatten, Albert Einstein ist mein Name. Hast du ein bisschen Zeit für mich, David?

Ich habe viel Zeit, Albert. Mehr als du, vermute ich.

Damit wären wir schon beim Thema: Zeit.

Ein interessantes Thema. Aber ich gebe zu, dass ich noch nicht viel darüber nachgedacht habe.

Nicht viel darüber nachgedacht? Falsche Bescheidenheit, lieber David! Niemand – zumindest von deinen Zeitgenossen – hat darüber so Tiefgründiges gedacht wie du!

Ach – interessant, das zu hören. Du scheinst dich in meinen Gedanken besser auszukennen als ich.

Ich habe diesen wunderbaren Psalm gelesen. Ich bin kein frommer Mann, muss ich zugeben, aber ich gehöre immerhin zu deinem Volk und bin mit den Psalmen vertraut.

Du meinst sicher den 139.?

Ich dachte, die Zählung wäre erst aus späterer Zeit.

Ist sie auch. Aber es sprechen mich in letzter Zeit ziemlich viele darauf an. Daher weiß ich, dass es bei euch der 139. ist.

Ach so. Na, jedenfalls habe ich darin gelesen, dass du offenbar eine sehr interessante und ungewöhnliche Vorstellung von der Zeit hast. »Deine Augen sahen mich, als ich noch nicht bereitet war, und alle Tage waren in dein Buch geschrieben, die noch werden sollten und von denen keiner da war.«

Ach, das meinst du. Ich will dir erklären, weshalb mir das eben nicht einfiel. Erstens sind das eigentlich nicht meine Gedanken, sondern göttliche Wahrheiten, die er mir offenbart hat. Verstehst du, kluge Menschen können allein kraft ihrer Gedanken manchmal zu verblüffenden Entdeckungen kommen, dass die andern nur staunen können ...

Das stimmt.

Wie?

Ach nichts! Fahre fort, David.

Aber es gibt Geheimnisse, die verschließen sich dem schärfsten Verstand. Da muss Gott selbst uns Weisheit geben und Wahrheiten erschließen. Um so etwas handelt es sich hier.

Hm. Und zweitens?

Zweitens kommt das Wort Zeit in den Versen gar nicht vor. Sie ist auch hier nicht das Hauptthema. Es geht um Gottes Möglichkeit, in die Zukunft zu sehen und unser Leben zu planen und zu überschauen.

Genau, das habe ich sehr wohl verstanden. Aber damit gehört es unbedingt in das große Thema Zeit.

Wieso?

Wenn du erlaubst, hole ich etwas weiter aus und erkläre dir, wie ich das meine. Ich bin Physiker. Ich habe eine Theorie aufgestellt – genau genommen einen gewaltigen Komplex von Theorien –, veröffentlicht in zwei Teilen, der allgemeinen und der speziellen Relativitätstheorie. Aber keine Angst, ich werde nicht in für dich unverständliche Einzelheiten gehen. Ich halte zwar deine Intelligenz für groß genug, mir folgen zu können, aber nicht deine Vorkenntnisse. Auf eine einfache Formel zurückgeführt lautet die Theorie: Energie gleich Masse mal Lichtgeschwindigkeit im Quadrat.

Ich verstehe nur moabitische Dörfer.

Macht nichts. Ich will nur das Augenmerk auf einen Punkt richten: die Zeit. Zeit ist relativ, habe ich erkannt. Bei hohem Tempo dehnt sie sich, nahe der Lichtgeschwindigkeit fast bis zur Unendlichkeit. Bei abnehmender Geschwindigkeit verdichtet sie sich. Die Zeit ist wie eine vierte Dimension, die wie Länge, Breite und Höhe, die räumlichen Dimensionen, in unseren Berechnungen berücksichtigt wird.

Du könntest das alles genauso gut den Kühen von Basan erklären wie mir.

Nun gut, lassen wir das. Nun bin ich in der Heiligen Schrift auf Aussagen gestoßen, die meine Theorie auf verblüffende Weise bestätigen. Jedenfalls scheint es mir so. Zum Beispiel steht im Neuen Testament – das kennst du natürlich noch nicht – etwas davon, dass unser fortlaufender Fluss der Zeit von der Vergangenheit in die Zukunft für Gott wohl nicht gilt. Jesus, den die Christen als Messias ansehen, sagte: »Ehe Abraham war, bin ich.« Wenn er gesagt hätte: »Ehe Abraham war, war ich«, wäre es auch schon provozierend gewesen. Es hätte bedeutet, dass er schon lange Zeit auch vor seiner Menschwerdung da war. Aber dieses »Ehe Abraham war, bin ich« sagt doch, dass die Vergangenheit für ihn immer noch Gegenwart ist. Es gibt für ihn keinen Fluß der Zeit. Oder er steht außerhalb dieses Flusses. Oder nehmen wir das: »Ein Tag ist vor dem Herrn wie tausend Jahre und tausend Jahre wie ein Tag.« Zeit ist relativ. Nicht nur nach unserem Empfinden, unserem Zeitgefühl. Das könnte mit einem dieser beiden Sätze ausgedrückt werden. Aber beide zusammen zeigen die völlige Andersartigkeit der Zeit vor Gott, als sie uns erscheint.

Ich fange an zu verstehen. Und du meinst, was Gott mich in diesem Psalm sagen ließ ...

... passt in diese Reihe von Aussagen. Wie könnte Gott sonst in ein Buch schreiben – wobei mir klar ist, dass das ein bildhafter Ausdruck ist –, was erst noch geschehen *wird*? Es ist nur eine Erklärung denkbar: Er ist eben zeitunabhängig. Und das kann er auch nur, weil die Zeit keine absolute, unveränderliche Größe ist.

So war mir das noch nicht in den Sinn gekommen. Ich kann nur mich selbst zitieren: »Wie schwer sind für mich, Gott, deine Gedanken! Wie ist ihre Summe so groß!« Mir sind diese Gedanken wohl zu schwer.

Warum? Darf ich eine andere Stelle aus dem 139. Psalm zitieren: »Führe ich gen Himmel, so bist du da; bettete ich mich bei den Toten, siehe, so bist du auch da. Nähme ich Flügel der Morgenröte und bliebe am äußersten Meer ...«

»... so würde auch dort deine Hand mich führen und deine Rechte mich halten.«

Es macht dir also keine Schwierigkeiten, dir die Allgegenwart Gottes vorzustellen!

Sagen wir so: Ich kann sie mir auch schwer vorstellen, aber ich bin davon überzeugt.

Wenn du die räumliche Allgegenwart Gottes nachvollziehen kannst, warum dann nicht auch die zeitliche? Beides ist für die menschliche Erfahrung unlogisch und doch wahr. So, wie für Gott jeder Punkt hier ist, ist für ihn jeder Zeitpunkt jetzt.

Hm. Davon war kein Gedanke in mir, als ich den Psalm schrieb. Aber du könntest Recht haben, Albert.

Ich denke das alles nicht aus religiösen Motiven heraus, David. Mir geht es nur um meine physikalischen Überlegungen. Denn du verstehst sicher, dass es mich freut, in den alten Schriften unseres Volkes eine Bestätigung für meine wissenschaftlichen Überlegungen zu finden.

Das verstehe ich natürlich. Nicht verstehen kann ich allerdings, wieso dich nur der wissenschaftliche Gesichtspunkt interessiert, aber der Gott, der über Raum und Zeit steht, interessiert dich nicht.

»Nicht« wäre übertrieben. Wenig.

Gut, wenig. Du solltest deine Zeit in seine Hände geben.

Ach, weißt du, David, ich bin kein religiöser Mensch. Ich bin Physiker.

Ich weiß zwar nicht genau, was das ist, aber ich bin sicher, Gott liebt auch Physiker.

Paul Schneider:
Auch wenn es hier nicht so scheint –
Jesus lebt!

»Dass doch die Blutgierigen von mir wichen!«

Du zitierst aus meinem Psalm?

David, du? Ja, dein Psalm. Nein, ich zitiere ihn nicht, ich bete ihn.
»Dass doch die Blutgierigen von mir wichen. Denn sie reden von
dir lästerlich, und deine Feinde erheben sich mit frechem Mut.«
Man kann es nicht treffender beschreiben, was hier geschieht,
David.

Möchtest du es erzählen?

Ja, es hört mir ja sonst niemand zu. Ich bin ein einfacher Landpfar-
rer. Paul Schneider heiße ich. Ein Hirte seiner Gemeinde, der nichts
anderes wollte als Gottes Wahrheit zu sagen. Aber die im Lande die
Macht haben, wollten es nicht.

Euer König?

Wir haben zurzeit keinen König, sondern einen Führer. Er hat sich
selbst so genannt und verlangt, dass alle sich mit seinem Namen
grüßen, ja, dass sie das Heil mit seinem Namen verbinden.

Heil von einem Menschen?

Die Vorsehung habe ihn dazu bestimmt, sagt er. Aber das ist eine
selbstgemachte »Vorsehung«, nicht die, von der du in deinem

Psalm sprichst. »Alle Tage waren in dein Buch geschrieben, die noch werden sollten und von denen keiner da war.« Das ist eine tröstliche Gewissheit; die »Vorsehung« aber, die jetzt durch unser Volk geistert, ist eingebildet. Und ihre Lehre wird allen eingepaukt. Schon die Kinder werden darauf gedrillt, die Zeitungen schreiben nichts anderes, Kunst und Kino, Radio und Sport werden in den Dienst gestellt, niemand kann ausweichen. Und wer etwas dagegen sagt, und sei es in der Kirche von der Kanzel, wird denunziert.

Du hast dagegen gesprochen?

Ich habe für die biblische Wahrheit gesprochen. Das reichte schon.

Und jetzt verfolgen sie dich?

Nein, nicht mehr nötig. Sie haben mich schon.

Du bist gefangen?

In einer Zelle, vier Schritte mal zwei Schritte, kalte Wände aus Zement, eine Pritsche, ein kleines, vergittertes Fenster weit oben. Wenig zu essen, Beschimpfungen, Erniedrigungen, Schläge. Es fällt mir nicht leicht, David, bei meinem Gebet vor der Stelle mit dem Hass Schluss zu machen.

Ich weiß, was du meinst, Paul. Auch ich war oft in Lebensgefahr, wurde verfolgt, verleumdet, meiner Rechte beraubt. Aber ich kann sagen, ich wurde nicht so entwürdigend behandelt. Das stelle ich mir als das Schlimmste vor.

Das Fenster meiner Zelle geht auf den Appellplatz hinaus. Da stehen alle Gefangenen, Tausende sind es, morgens und abends in Reih und Glied, um durchgezählt zu werden. Manchmal stehen sie stundenlang. Reine Schikane. Manche werden auch auf Gewaltmärsche geschickt. Wer erschöpft zusammenbricht, wird erschossen. Ähnlich die Quälerei im Steinbruch ... ach, ich will dir das nicht alles schildern.

Was soll ich da sagen, um dich zu trösten, mein lieber Bruder?

Nichts. Du hast schon alles gesagt. Es steht ja im 139. Psalm. Ich kann ihn auswendig. Stecke ich in Angst, kann nicht schlafen, schäme mich bei der entwürdigenden Behandlung, bin ich zornig, so bete ich: »Herr, du erforschest mich und kennest mich.« Schrillen die Pfeifen oder dröhnen die Stiefelschritte auf dem Gang und schnelle ich daraufhin von meiner Pritsche hoch, so denke ich: »Ich sitze oder stehe auf, so weißt du es. Ich gehe oder liege, so bist du um mich und siehst alle meine Wege.« Muss ich zum Verhör – Verhör heißt aber nicht, dass man ernsthaft auf mich hören würde, ich werde nur angeschrien und erniedrigt – aber ich kann dann doch etwas sagen, dann bete ich: »Es ist kein Wort auf meiner Zunge, das du, Herr, nicht schon wüsstest.« Treiben sie mich zur Zwangsarbeit, drohen sie mir mit den Waffen und schlagen mich, so weiß ich: »Von allen Seiten umgibst du mich und hältst deine Hand über mir.« Es ist wunderbar, diese Zuflucht zu kennen! Ja, in allem Grauen ist es wunderbar.

Ich bin tief bewegt und beschämt, dass die Worte, die ich einst gefunden und aufgeschrieben habe, diese Kraft haben.

Es sind nicht deine Worte, David. Gottes Worte sind es, darum haben sie diese Kraft.

Ja, so ist es. Ich habe es so erlebt und dann nur niedergeschrieben; ich habe es mir ja nicht ausgedacht.

Worte sind ja auch nicht das Wichtige. Sie sind Beschreibung der

Wahrheit. Wenn sie das nicht sind, haben sie keine Kraft, seien sie auch noch so schön. Weißt du, wir hatten in unserem Land große Dichter, die wunderschöne Worte schreiben konnten. Einer davon hieß Goethe und wohnte gleich hier unten am Fuß des Berges, auf dem unser Lager steht. Ihm und einem Kollegen namens Schiller haben sie da ein Denkmal aufgestellt. Meister der Sprache. Meister darin, Natur, Geschichte, Gefühle zu beschreiben. Das eine oder andere Gedicht kenne ich auswendig; wir haben sie in der Schule gelernt. Aber meinst du, es könnte mich hier trösten? Worte ohne Kraft!

So nah ist die Wirkungsstätte eurer Dichter bei dem schrecklichen Lager?

Eine klassische Kulturstadt! Und das Konzentrationslager auf dem Berg, auf dem der größte Dichter früher gern seine Morgenspaziergänge machte. Aber was wundert's dich? Von den »Gott-losen« – also denen, die Gott vielleicht nicht leugnen, die aber unabhängig von ihm leben –, von den »Gottlosen« zu den »Blutgierigen« ist kein großer Schritt.

Du meinst »gottlos« nicht im Sinne von bewusster Feindschaft gegen den Herrn, sondern einfach als Gleichgültigkeit ihm gegenüber?

Genau. »Edel sei der Mensch, hilfreich und gut« ist einer der beliebtesten Sprüche unseres größten Dichters. Aber das hat sich als Illusion herausgestellt. In unserer Zeit noch schrecklicher als zu Goethes Zeit. Was jetzt in unserem Land geschieht, ist furchtbar. Die Mächtigen halten sich selbst für edel, und alles nach ihrer Meinung Unedle wird vernichtet. Hilfreich und gut ist, was ihnen hilft. All die Tausende da draußen auf dem Appellplatz sind schlecht und unedel, meinen sie. Darum werden sie entsprechend behandelt, und das Ziel ist ihre Vernichtung.

Von mir selbst muss ich sagen, dass ich nicht gut bin nach Gottes Maßstäben. »Erforsche mich, Gott, und erkenne mein Herz.« Aber niemand darf von einem anderen sagen, er sei lebensunwert.

Darum habe ich es ihnen gesagt, dass sie für Gott wertvoll sind.

Wie – gesagt?

Sie traten da draußen an, stundenlang, ohne Bewegung, und wurden durchgezählt; ich habe mich am Fenstergitter hochgezogen und hinausgeschrien, so dass alle es hören konnten: »So spricht der Herr: Ich bin die Auferstehung und das Leben!«

Wirklich? Das hast du getan? Das hat dir sicher furchtbare Strafe eingebracht!

Sicher. Aber die Wahrheit sage ich trotzdem. Und besonders diese: Unser Herr lebt und hält das Heft in der Hand, auch wenn es nicht so aussieht. Und unsichtbar ist er bei denen, die ihm gehören, umgibt sie von allen Seiten und hält seine Hand über sie.

Es ist dir bewusst, dass die Strafe eines Tages so ausfallen kann, dass ... dass sie dir das Licht ausblasen.

»So wäre auch Finsternis nicht finster bei dir, und die Nacht leuchtete wie der Tag. Finsternis ist wie das Licht.« Denn, so habe ich es wieder und wieder den Gequälten durchs Gitterfenster zugerufen: »Jesus Christus spricht: Ich bin das Licht der Welt, wer mir nachfolgen wird, der wird nicht wandeln in der Finsternis, sondern wird das Licht des Lebens haben.«

Über Davids Gesprächspartner

Salomo

Israelischer König. Er wird um 990 v.Chr. als zweiter Sohn König Davids in Jerusalem geboren. Seine Mutter ist Batseba. David bestimmt ihn früh zu seinem Nachfolger. Der älteste Sohn Amnon versucht, die Herrschaft für sich zu sichern, was ihm aber nicht gelingt. Nach Davids Tod regiert Salomo glanzvoll das noch ungeteilte Reich von Israel und Juda. Er vergrößert das Herrschaftsgebiet, entfaltet eine rege Bautätigkeit, baut Handel und Heerwesen aus. Salomo vereint helle und dunkle Seiten in einer ungewöhnlichen Weise: Sprichwörtliche Weisheit und großartiger Reichtum werden von ihm berichtet. Er baut den Tempel in Jerusalem, wovon sein Vater vergeblich geträumt hat. Mit seinem Reichtum, seiner Selbstbezogenheit und seinen vielen Frauen aus heidnischen Völkern sät er aber auch den Samen des Verfalls. Nach seinem Tod trennt sich das benachteiligte Nordreich Israel vom Südreich Juda und Salomo hinterlässt nach vierzigjähriger Herrschaft ein geteiltes Reich. Er stirbt 926.

Jona

Ein Prophet und die zentrale Gestalt des alttestamentlichen Buches, das seinen Namen trägt. Jona entzieht sich durch Flucht dem Auftrag Gottes. Er soll der Weltstadt Ninive das Gericht Gottes und den Untergang ankündigen. Jona flieht auf einem Schiff Richtung Spanien. Als ein Sturm ausbricht, würfelt die Mannschaft aus, dass Jona schuld an dem Unglück ist, und wirft ihn über Bord. Doch Jona kommt nicht um – ein großer Fisch verschluckt ihn und bringt ihn an Land.

Gottes zweitem Aufruf folgt Jona aufs Wort. Er geht nach Ninive und kündigt den Menschen dort Gottes Gericht an. Gott gibt eine Frist von vierzig Tagen und die Bewohner nutzen sie zu einer umfassenden Umkehr, der König vornean.

Daraufhin verzichtet Gott auf das angekündigte Gericht, worüber sich Jona ärgert. Da lässt Gott ihm einen Schatten spendenden Strauch wachsen, den er kurz darauf durch einen Wurm wieder vernichtet. Als Jona darüber traurig und wütend wird, macht Gott ihm klar, dass er – der Herr – ebenso den Untergang Ninives bedauern würde.

Mausolos

Persischer Satrap (Gouverneur). Er gewinnt eine relative Selbständigkeit und dehnt seine Herrschaft in Kleinasien durch Verträge mit den Griechen aus. Seine Hauptstadt wird Halikarnassos, wo er sich ein prächtiges marmornes Grabmal bauen lässt. Mit einer Gesamthöhe von über 40 Metern zählt es in der Antike zu den sieben Weltwundern. Es besteht aus einem hohen Quadersockel und einem tempelartigen Hauptgeschoss mit einer 24-stufigen Pyramide als Dach, die ein marmornes Viergespann mit dem Königspaar trägt. Berühmte Bildhauer der Zeit versehen es mit reichem plastischem Schmuck. Später wird es restlos abgetragen. Mausolos stirbt 353 v.Chr.

Aristoteles

Griechischer Philosoph. Er wird 384 v.Chr. in Thrakien als Sohn des Leibarztes eines makedonischen Königs geboren. Zusammen mit Sokrates und Platon begründet er die klassische philosophische Tradition des Abendlandes. Er tritt in die Philosophenschule Platons ein. 342 folgt er einem Ruf an den makedonischen Hof als

Erzieher des 13-jährigen Thronfolgers Alexander (dem späteren A. dem Großen).

335 kehrt er nach Athen zurück. Dort errichtet er ein Museum für Naturgeschichte und eine Bibliothek mit Sammlungen von Landkarten und Manuskripten. Sie wird das Vorbild für die berühmte Bibliothek von Alexandria. Als nach dem Tode Alexanders d.Gr. Athen zum Zentrum der griechischen Opposition gegen Makedonien wird, verlässt Aristoteles die Stadt, der Gottlosigkeit angeklagt. Er stirbt 322, wenige Monate später, auf seinem Landgut auf Euböa.

Sein Werk umfasst Schriften zu Logik, Naturwissenschaften, Ethik und Ästhetik. Die Alltagswelt und das, was die Leute über sie sagen, ist für ihn der Ausgangspunkt seiner wissenschaftlichen Untersuchungen.

Alexander der Große

Makedonischer König. Geboren 356 v.Chr. im makedonischen Pella als Sohn des Königs Philipp II. und seiner Frau Olympias. Alexander wird von dem griechischen Philosophen Aristoteles erzogen. Nach der Ermordung seines Vaters, mit der er nichts zu tun hat, wählt die Heeresversammlung 336 den Prinzen als Alexander III. zum neuen König Makedoniens. Er festigt seine Herrschaft, indem er Verwandte und Fürsten mit Thronanspruch ermorden lässt.

Mit unerwarteter Schnelligkeit erobert er Griechenland, lässt Theben schleifen, Athen und einige andere Städte aber milde behandeln. 334 Feldzug gegen Persien. Alexander überschreitet mit etwa 35 000 Mann den Hellespont und befreit die kleinasiatischen Küstenstädte von persischer Herrschaft. In Gordion durchschlägt er nach der Überlieferung den berühmt gewordenen Knoten.

Alexander ist wahrscheinlich von echter Religiosität und Erwartung an alles Neue erfüllt. Er versucht, griechische und orientalische Kultur zu vereinigen. Das Ziel seiner Politik ist es wohl, ein

Großreich zu schaffen, in dem alle Bewohner gleiche Rechte haben sollen.

333 besiegt er bei Issos den persischen Großkönig Dareios III. Er unterwirft daraufhin Palästina, Syrien und Ägypten, wo er als Befreier von der Perserherrschaft begrüßt wird. Von einem ägyptischen Ammon-Orakel wird er als Sohn Gottes begrüßt. 331 nimmt er Babylon und Susa ein und wird als neuer persischer Großkönig ausgerufen.

Alexander unterwirft den Ost-Iran, umgibt sich immer mehr mit orientalischem Prunk und führt das persische Hofzeremoniell ein (Fußfall vor dem Herrscher), was zu einer Verschwörung seiner makedonisch-griechischen Umgebung führt. Die Köpfe der Verschwörung werden hingerichtet. Die Tötung seines Lebensretters Kleitos ist dagegen eine Affekthandlung Alexanders nach einem Gelage.

327 bricht er zu einem Zug nach Indien auf, den er schließlich nach Eroberungen wegen einer Meuterei der Truppen abbrechen muss. 324 befiehlt er Zwangsehen seiner militärischen Führer mit persischen Prinzessinnen (»Massenhochzeit von Susa«). Alexander stirbt mit 33 Jahren 326 unerwartet in Babylon. Bald nach seinem Tod wird er als Gott verehrt. Zahlreiche Schilderungen und Legenden von Zeitgenossen und späteren Dichtern und Philosophen zeichnen ein oft einseitiges Bild.

Josef

Zimmermann in Nazareth aus dem Stamm Davids und Verlobter Marias, der Mutter Jesu. Als er von Marias Schwangerschaft erfährt, will er sie heimlich verlassen, um ihr die Schande einer öffentlichen Anklage zu ersparen. Im Traum erscheint ihm jedoch ein Engel, der ihm den Auftrag gibt, Maria zu heiraten und die Pflichten des Vaters zu übernehmen. Zur Volkszählung reisen beide nach Bethlehem, Josefs Heimatstadt, wo Jesus geboren wird. Später, als

König Herodes aus Angst vor einem möglichen Konkurrenten den Mord aller Kinder unter zwei Jahren anordnet, flieht Josef mit Maria und dem Kind nach Ägypten. Nach Herodes' Tod bringt er seine Familie sicher nach Israel zurück. Man nimmt an, dass er dort jung verstorben ist.

Paulus

Eine der bedeutendsten Gestalten der frühen Kirche. Er wird etwa 1 n.Chr. als römischer Bürger in Tarsus in Kleinasien geboren und dort sowohl von jüdischen wie von hellenistischen Einflüssen geprägt. Nach seiner Ausbildung zum Schriftgelehrten bekommt er die offizielle Vollmacht der jüdischen Obrigkeit zur Verfolgung der Christen. Er nimmt diese Verfolgung mit leidenschaftlichem Eifer auf, um diese »Sekte« auszurotten. So ist er auch Zeuge der Steinigung des Stephanus. Auf dem Weg nach Damaskus, wo er weitere Christen ihrer »gerechten Strafe« zuführen will, erlebt er eine dramatische Bekehrung: Er sieht ein helles Licht und hört Jesu Stimme. Daraufhin erblindet er. In Damaskus erfährt er durch einen dortigen Christen, Hananias, dass Gott ihn beauftragt, das Evangelium unter den Nichtjuden, den Heiden, zu verbreiten. Hananias legt ihm die Hände auf und Paulus kann wieder sehen. Er lässt sich taufen und zieht sich für zehn Jahre nach Tarsus zurück.

47 n.Chr. beginnt er zusammen mit Barnabas die Heidenmission in Antiochien. Ein Jahr darauf treffen sich beide in Jerusalem mit den anderen Aposteln zum Apostelkonzil, um zu klären, ob sich Heidenchristen an jüdische Sitten und Gesetze zu halten haben. Paulus plädiert entschieden dafür, dass Heidenchristen nicht an diese jüdischen Gesetze gebunden seien. Damit können die Heiden Christen werden, ohne zuerst zum Judentum übertreten und dessen Gesetzesgehorsam übernehmen zu müssen.

Danach macht Paulus zwei große Missionsreisen nach Griechenland und Kleinasien, wo er viele Gemeinden gründet. Um diese Gemeinden weiter zu unterstützen, schreibt er Briefe, von denen sich einige im Neuen Testament finden. 57-60 n.Chr. wird er in Jerusalem und Cäsarea gefangen gehalten und dann nach Rom überführt, wo er zwei Jahre in Untersuchungshaft sitzt. Im Jahre 63 lässt man ihn frei. Vermutlich macht er noch weitere Reisen, wird dann aber erneut verhaftet. Es ist überliefert, dass Nero ihn mit dem Schwert hinrichten lässt.

Mittelpunkt seines Lebens und Denkens ist Jesus Christus als Gottes Messias und Retter der Welt. Zentral wichtig ist für ihn dabei die Erkenntnis, dass Gerechtigeit vor Gott allein durch den Glauben und nicht durch die Erfüllung des Gesetzes erlangt werden kann. Nicht mehr die Forderungen des Gesetzes, sondern das Leben Christi durch den Heiligen Geist im Glaubenden ist für ihn Kraft und Richtschnur allen Handelns. Für diese Wahrheit erträgt er viele Auseinandersetzungen und Verfolgungen. Er weist aber auch heidenchristliche Überheblichkeit gegenüber den Juden zurück. Die Juden bleiben Gottes erwähltes Volk, der Baum, in den die Christen als Zweig eingepfropft sind.

Paulus wird zum maßgeblichen Theologen der frühen Kirche und erarbeitet die geistigen Grundlagen, auf denen die Gemeinden bis heute ihren Glauben und ihr Leben gründen. Sein Leben und Wirken und seine Theologie finden sich in der Apostelgeschichte und in seinen Briefen an verschiedene Gemeinden und Einzelpersonen.

Bathildis

Fränkische Königin und Regentin. Sie wird in England geboren und als Kind in die Sklaverei verkauft. Der Hausmeier (maior domus) des fränkischen Königs kauft sie für den Hof Chlodwigs II. in Paris. Dort macht Bathildis eine steile Karriere: Chlodwig heiratet sie 649 n.Chr. Ihre drei Söhne werden später alle Könige: Chlodwig III., Childerich II. und Thierry I. Als Königin ist sie beim Volk sehr beliebt wegen ihrer Demut, ihrer bescheidenen Lebensführung, ihres Einsatzes für die Armen und ihrer Unterstützung für die Kirche. Als ihr Mann Chlodwig II. 657 stirbt, übernimmt Bathildis die Regentschaft für ihren kleinen Sohn, Chlodwig III. Sie gründet die Benediktinerklöster in Chelles bei Paris, St. Denis und Corbie. Sie verbietet die Versklavung von Christen und gründet Hospitäler und andere wohltätige Einrichtungen. Als Chlodwig III. den Thron besteigt, zieht sie sich in die Abtei nach Chelles zurück und verbringt ihre letzten Jahre im Gebet und in der Fürsorge für die Armen. Sie stirbt 680 und ist in der Abtei von Chelles begraben.

Friedrich II. von Hohenstaufen

Stauferkaiser. 1194 bei Ancona als Sohn von Heinrich VI. geboren, 1220 zum Kaiser des Heiligen Römischen Reiches deutscher Nation gekrönt. Deutschland hat für ihn als Herrscher nur eine untergeordnete Bedeutung. Er lässt dort zunächst seinen Sohn Heinrich (VII.) und nach dessen Aufstand gegen ihn seinen Sohn Konrad (IV.) zum König wählen.

Friedrich bemüht sich vor allem darum, seine Herrschaft in Italien zu sichern und das Reich als Weltreich wiederherzustellen. Da sich der von ihm versprochene Kreuzzug immer wieder verzögert, wird er von Papst Gregor IX. gebannt, unternimmt aber trotzdem 1228/29 den Zug, erreicht durch einen Vertrag mit Sultan Al Kamil von Ägypten die Überlassung der heiligen Stätten und gewinnt die Krone des Königreichs Jerusalem. In der Folge nehmen die Spannungen zwischen ihm und Papst Gregor immer mehr zu, in dessen Verlauf beide Kontrahenten jedes Maß verlieren.

Obwohl ihn Papst Innozenz IV. 1245 auf einem Konzil absetzt, stirbt Friedrich 1250 ungebrochen, durchdrungen von der Idee der Erwähltheit seines Geschlechts und seiner kaiserlich-imperialen Sendung. Er wird im Dom von Palermo beigesetzt. In der Folgezeit zerfällt das Reich, die Idee einer Einheit des Abendlandes verliert ihre Kraft.

Friedrich gilt schon zu Lebzeiten als überragende Persönlichkeit. Während viele andere Herrscher weder lesen noch schreiben können, disputiert er mit arabischen Gelehrten über Mathematik, Naturwissenschaften und Philosophie. Vielseitige Beachtung findet sein Buch über die Falkenjagd. An seinem Hof entwickelt sich die »Sizilianische Dichterschule«, die ihre entscheidenden Anregungen von der Dichtung der provençalischen Troubadoure empfängt.

Nach seinem Tode wird Friedrich von seinen Anhängern als Retter der Welt erwartet, der im Berg Ätna seiner Wiederkehr harrt, von seinen Gegnern als Antichrist gefürchtet, der am Ende der Zeiten erscheinen wird. In Deutschland entsteht die Sage vom Kyffhäuser, die später auf seinen Großvater Friedrich I. Barbarossa übertragen wird.

Martin Luther

Deutscher Reformator. Geboren 1483 in Eisleben in Thüringen als Sohn des mansfeldischen Bergmanns Hans Luther und seiner Frau. Nach einem umfassenden Studium an der Universität Erfurt legt er während eines Gewitters in Todesangst ein Gelübde ab und wird Mönch bei den Augustiner-Eremiten. Dort versucht er, durch strenge Lebensweise Heilsgewissheit zu erlangen. Er studiert Theologie und hält seit 1508 Vorlesungen zunächst an der Universität Erfurt, dann in Wittenberg. Außerdem wird er in Wittenberg Stadtprediger. Trotz aller Selbstkasteiung und allen Kämpfen um ein Gott wohlgefälliges Leben leidet er darunter, dass er die vollkommene Liebe schuldig bleibt, er immer wieder seiner Ichsucht begegnet und seine Angst vor Christus, dem Richter, sich eher noch verschärft. Der Gerechtigkeitsforderung Gottes, wie er sie in der Bibel findet, kann er nicht entsprechen.

Bei seiner theologischen Arbeit für seine Vorlesungen über die Psalmen und den Römerbrief erfährt er jedoch eine umstürzende Wende. Er erkennt: Der Sünder wird aus Gnaden und aus Glauben selig, nicht wegen seiner guten Taten! Damit werden alle seine Zweifel, seine Angst und inneren Kämpfe überwunden.

In der Folge versucht er, die scholastische Theologie und die Praxis seiner katholischen Kirche zu reformieren. Seine 95 Thesen (1517) gegen den »Ablass« – den Verkauf der Seligkeit durch die Kirche – und für eine echte Umkehr der Menschen führen zu einem öffentlichen Streit und verbreiten sich wie ein Lauffeuer. Rom eröffnet gegen ihn einen Prozess wegen Ketzerei. Er lehnt die unbedingte Autorität des Papstes und der Konzilien ab, da auch sie irren können. Tradition und Verkündigung misst er allein an der Bibel. Luther entfaltet seine Theologie in einer Fülle von Schriften, die wie seine Predigten gedruckt werden und eine weite Verbreitung finden: Nur Taufe, Abendmahl und Buße sind Sakramente; durch die Taufe gelangen alle Christen in den gleichen Stand, es gibt keinen wesensmäßigen Unterschied zwischen Klerikern und Laien; nicht die Leistung eines Menschen zählt vor Gott, sondern nur sein Glaube, um dessentwillen ihm Gott seine Gerechtigkeit schenkt. Der »weltliche« Beruf bekommt eine besondere Würde als »Gottesdienst«.

1521 wird über Luther der Kirchenbann verhängt. Rom versucht damit, die Bewegung der Reformation noch aufzuhalten. Aber dafür ist es schon zu spät, da sie bereits zu viele Anhänger hat. Luther trifft den Nerv der Zeit, indem er den Glauben von der Herrschaft des Papsttums befreit. Viele Menschen hören durch ihn das erlösende Wort für das, wie sie selbst seit langem bewegt. Er spricht den einzelnen Christen die Mündigkeit zu, sich selbst mit dem Evangelium in der Bibel zu beschäftigen und eigene Glaubensentscheidungen zu treffen.

Um Luthers Leben zu schützen, bringt ihn sein Landesherr auf der Wartburg in Sicherheit. Dort übersetzt er in atemberaubend kurzer Zeit das Neue Testament ins Deutsche und verfasst eine neue Gottesdienstordnung (deutsche Sprache: Austeilung von Brot und Wein beim Abendmahl an die Gemeinde) sowie seinen Großen und seinen Kleinen Katechismus.

1525 heiratet er als ehemaliger Mönch die ehemalige Nonne Katharina von Bora. Ihre Ehe wird Vorbild für eine geistlich geprägte Lebensgemeinschaft von Mann und Frau. Sie bekommen sechs Kinder.

Als Luther 1546 auf einer Reise in Eisleben stirbt, ist sein Versuch, die katholische Kirche zu reformieren, gescheitert und durch die Reformation eine neue, die lutherische Konfession, entstanden.

Luthers Bibelübersetzung und seine Schriften haben die deutsche Hochsprache zwar nicht geschaffen, aber sie meisterhaft gestaltet und in Deutschland durchgesetzt. Sein Sprachgenie verschmilzt die unterschiedlichen Elemente des spätmittelalterlichen Deutsch zum »Lutherdeutsch«, einer bildhaften, poetischen und volksnahen Sprache. Seine Bibelübersetzung wird für Jahrhunderte zum häufig einzigen größeren Buch in den Familien. Zusammen mit seinem Kleinen Katechismus und seinen Liedern prägt diese Bibel zudem für Jahrhunderte die Sprache in Kirche und Schule.

Katharina Luther

Luthers Frau. Mädchenname Katharina von Bora. Geboren 1499 in einem verarmten Adelsgeschlecht bei Leipzig. Nach dem Tod ihrer Mutter kommt sie zur Erziehung ins Kloster Brehna, später ins Zisterzienserkloster nach Nimbschen bei Grimma in Sachsen und wird Nonne. 1523 flieht sie mit gleichgesinnten jungen Frauen aus dem Kloster und heiratet 1525 Martin Luther – was gegen alle Konventionen verstößt und großen Mut verlangt. Sie wohnen im ehemaligen Augustiner-Eremitenkloster in Wittenberg und führen ihre Ehe bewusst aus dem christlichen Glauben. Damit prägen sie für lange Zeit das Bild des evangelischen Pfarrhauses.

Katharina ist eine gebildete und urteilsfähige, selbstwusste und tatkräftige Frau. Luther behandelt sie als gleichrangige Gefährtin, was in dieser Zeit eine Ausnahme darstellt. Sie bekommen drei Söhne und drei Töchter.

Um das Haushaltsgeld aufzubessern, nehmen sie Studenten bei sich auf. Diese dürfen auch an den berühmten Tischgesprächen teilnehmen, wo Luther mit den Gelehrten seiner Zeit über Gott, die Welt und das Leben diskutiert. Um die vielen Menschen verpflegen zu können, bewirtschaftet Katharina außerhalb der Stadt ein kleines Gut.

Als Martin stirbt, ist Katharina 47 Jahre alt. Während des Schmalkaldischen Krieges muss sie zweimal nach Magdeburg fliehen, kann aber 1547 nach Hause zurückkehren. Sie erreicht, dass ihr Sohn Hans auf Kosten Herzog Albrechts von Brandenburg in Königsberg studieren darf. Trotzdem wird sie die Geldsorgen nicht los. Als Wittenberg zum wiederholten Mal von der Pest heimgesucht wird und erste Opfer auch in ihrem Haus zu beklagen sind, reist sie nach Torgau, wo sie durch einen Unfall auf der Fahrt verletzt 1552 stirbt – in dem Haus, in dem sie Luther 25 Jahre zuvor zum ersten Mal begegnet ist.

August Hermann Francke

Theologe und Pädagoge. Geboren 1663 in Lübeck als Sohn eines Juristen. Schon mit 15 Jahren studiert er Theologie in Erfurt, Kiel und Leipzig, gerät aber dabei in starke Zweifel über Gottes Existenz, die Bibel und die Kirche. Im Gebet fleht er zu Gott um Errettung und macht in Lüneburg eine ihn stark berührende Gotteserfahrung. Von da an sind alle Zweifel verschwunden. Diese datierbare Bekehrung nach vorausgehendem Bußkampf wird für ihn zum Prototyp jeder Bekehrung.

Schon vorher ist er Philipp Jakob Spener begegnet, für dessen Anliegen einer persönlichen Glaubenserneuerung er nun gewonnen wird. Durch die Vermittlung von Spener kommt er 1692 als Professor an die neugegründete Universität in Halle/Saale. Er reformiert das dortige, auf orthodoxe Gelehrsamkeit ausgerichtete Theologiestudium, um fromme und tüchtige Pfarrer auszubilden.

Aus der 1695 in Glauchau eröffneten Armenschule macht Francke in kurzer Zeit die später weltberühmten Hallischen Anstalten (»Franckeschen Stiftungen«) mit Waisenhaus, Buchhandlung, Bibelanstalt (mit Freiherr von Canstein), Apotheke und verschiedenen Schulzweigen. Francke entwickelt auch diakonische Projekte. Seine zum Teil modern anmutende Pädagogik soll zu »wahrer Gottseligkeit« und »christlicher Klugheit« verhelfen. Sie ist allerdings auch gekennzeichnet durch strenge Beaufsichtigung der Zöglinge und Zurückdrängung von Fröhlichkeit und Spiel.

Durch seinen Schüler B. Ziegenbalg gewinnt Francke entscheidenden Einfluss auf die christliche Mission (dänisch-hallische Mission). Er stirbt 1727 in Halle. In dieser Zeit bieten die Halleschen Anstalten 3000 Menschen Lern- und Arbeitsmöglichkeiten, teilweise auch Unterkunft und Verpflegung.

Johann Sebastian Bach

Komponist. Geboren in Eisenach 1685 als jüngstes von acht Kindern des Ratsmusikers Johann Ambrosius Bach und seiner Frau Elisabeth Lämmerhirt. Nach dem frühen Tod der Eltern wächst er bei seinem Bruder Johann Christoph in Ohrdruf auf, wo er schon 1703 sein erstes Engagement als Hofmusiker des Herzogs von Sachsen-Weimar erhält. Anschließend geht er als Organist zunächst nach Arnstadt, dann nach Mühlhausen in Thüringen. Dort heiratet er 1707 seine Cousine Maria Barbara Bach. Ein Jahr später wird er Organist und Kammermusiker am Hof der Herzöge von Sachsen-Weimar, später auch Konzertmeister mit der Verpflichtung zu regelmäßigen Kantatenaufführungen. 1717 folgt er einem Ruf als Kapellmeister an den Hof von Anhalt-Köthen.

Nach dem Tod von Barbara heiratet er 1721 in Köthen Anna Magdalena Wilcken und geht zwei Jahre später als Thomaskantor und Musikdirektor nach Leipzig. Dort wird er 1736 zum königlich-polnischen und kurfürstlich-sächsischen Hofkomponisten ernannt.

In Leipzig, wo er bis zu seinem Tode bleibt, genießt er als hervorragender Orgelvirtuose, Komponist, Kompositionslehrer und Orgelgutachter hohes Ansehen, obwohl er jahrzehntelang im Streit mit dem Magistrat der Stadt lebt. Er stirbt 1750.

Von seinen 20 Kindern, die aber nicht alle das Erwachsenenalter erreichen, werden vier ebenfalls Komponisten: Wilhelm Friedemann, Carl Philipp Emmanuel, Johann Christoph Friedrich und Johann Christian. Insgesamt hat die große Bachfamilie etwa 60 Komponisten und Musiker hervorgebracht.

Joh. Seb. Bachs Kompositionen umfassen vor allem Orgel- und Klavierwerke, weltliche und geistliche Kantaten, Oratorien und Orchesterkonzerte. Seine Kreativität als Musiker verbindet sich dabei mit einer lutherischen, pietistisch beeinflussten Frömmigkeit. Bachs umfangreiches Lebenswerk verbindet auf geniale Weise traditionelle Formen und »Pflichtübungen« eines Kantors (zum Beispiel für jeden Sonntag eine Kantate zu komponieren und einzustudieren) mit großem musikalischen Ideenreichtum und Mut zu Neuem und Ungewöhnlichem. Damit nimmt er bis heute einen überragenden Platz in der Geschichte der Musik ein.

Friedrich der Große

König von Preußen. Friedrich wird 1712 in Berlin geboren. Sein Vater ist König Friedrich Wilhelm I., der »Soldatenkönig«. Der überaus sparsame und disziplinierte Vater, der Preußen aus einer armen »Streusandbüchse« zu einer geachteten europäischen Mittelmacht gemacht hat, erzieht den hochbegabten und empfindsamen Sohn mit militärischer Strenge. Alle Phantasie und Liebe zu Literatur, Musik und anderen schönen Seiten des Lebens sollen unterdrückt werden. Die Konflikte zwischen Vater und Sohn führen 1730 zur Flucht des jungen Friedrich, die der Vater aber vereitelt. Friedrich wird unter strenger Bewachung in die Festung Küstrin gebracht, sein Freund und Gefährte Katte vor seinen

Augen hingerichtet. Nach zwei Jahren wird der Arrest aufgehoben und in den folgenden Jahren bereitet sich Friedrich im stillen Rheinsberg auf die Thronfolge vor. Die traumatischen Erlebnisse seiner Kindheit und Jugend haben wahrscheinlich bleibenden Einfluss auf sein ganzes Leben und sind vielleicht ein Grund für seine spätere Menschenverachtung.

Nach dem Tode seines Vaters 1740 wird Friedrich König. In den folgenden 46 Jahren bringt er Preußen durch harte Kriege, aber auch vorausschauende Politik in den Rang einer europäischen Großmacht. In drei erbittert geführten Kriegen, die die Kräfte Preußens bis an den Rand strapazieren, erweitert er seinen Herrschaftsbereich. Er nimmt seiner habsburgischen Gegnerin Maria Theresia Schlesien ab, annektiert Sachsen und weitet sein Reich durch die Teilungen Polens zwischen Preußen, Russland und Österreich aus.

Im Inneren fördert er durch eine kluge und tolerante Ansiedlungspolitik die Entwicklung, baut eine moderne Staatsverwaltung auf (unter anderem Bildung eines zu unbedingtem Gehorsam verpflichteten, unbestechlichen Beamtentums), reformiert die Justiz und fördert Bauten, die noch heute das Land architektonisch prägen. Anders als noch Ludwig XIV. (»Der Staat bin ich!«) sieht er sich als »erster Diener« seines Staates. Er ist den Künsten und der Wissenschaft zugetan. Seine Freundschaft mit dem französischen Philosophen Voltaire ist ebenso berühmt wie sein hervorragendes Flötenspiel. Er komponiert über 100 Sonaten für Flöte und Cembalo.

Er stirbt 1786 in Potsdam auf der Höhe seiner Macht als aufgeklärter, absoluter Herrscher, jedoch verbittert und einsam. Die Urteile über Friedrich reichen bis heute von höchster Bewunderung bis zu völliger Ablehnung. Erst 1992 wurde sein testamentarischer Wille erfüllt und seine sterblichen Überreste dort beigesetzt, wo er es bestimmt hat: vor dem Schloss Sanssouci, dem nach seinen Entwürfen gebauten Sommersitz in Potsdam.

Charles Darwin

Britischer Naturforscher. Geboren 1809 in Shrewsbury. Für seine Naturforschung sammelt er entscheidende Erfahrungen bei der Teilname an der Weltumseglung der »Beagle« 1831-1836, die ihn nach Südamerika, auf die Galapagosinseln, nach Tahiti, Neuseeland, Australien, Mauritius und Südafrika führt. Nach 1842 lebt er auf seinem Landsitz in der Nähe von London. Zunächst widmet er sich geologischen Studien. Seine Darstellung der Geologie der bereisten Gebiete und seine Erklärung der Bildung von Korallenriffen sind von wissenschaftlicher Bedeutung.

Berühmt wird er durch seine »Selektionstheorie«. Beobachtungen von Tiervarietäten derselben Finkengruppe auf verschiedenen Galapagosinseln lassen ihn an der bis dahin unangefochtenen Vorstellung von der Konstanz der Arten zweifeln. Er entwickelt die Hypothese der gemeinsamen Abstammung und der allmählichen Veränderung der Arten. Seine weiteren Arbeiten führen ihn zur Theorie der natürlichen Auslese (»Selektion«) infolge des ständigen Existenzkampfes. Seine Abhandlung »Die Entstehung der Arten ...« wirkt nicht nur in der Biologie umwälzend, sondern beeinflusst auch nachhaltig das geistige Leben. Die am biologischen Modell erfolgte Umorientierung des Denkens führt zum Ersatz des Schöpfungsglaubens durch die Evolutions-/Selektionstheorie, die ein Zufallsprinzip als Ursache für die Entstehung der Arten annimmt. Diese Ablösung der bisherigen Vorstellungen von der Entwicklung des Lebens wirft bis heute Fragen nach dem Sinn des individuellen Daseins auf. Darwin stirbt 1882.

Margarethe Steiff

Unternehmerin, Erfinderin der »Steiff-Tiere«. 1847 in Giengen bei Ulm geboren, erkrankt sie mit eineinhalb Jahren an Polio und bleibt lebenslang körperlich behindert. 1877 eröffnet sie ein Filzkonfektionsgeschäft, in dem sie selbstgenähte Kleidung verkauft. Das erste Steiff-Tier, das sie anfertigt, ist ein Elefant aus Filz, der als Nadelkissen gedacht ist und zu einem beliebten Spielzeug für Kinder wird. In sechs Jahren werden 5170 Elefanten verkauft, dazu kommen andere Tiere. Margarethes Bruder steigt in das Unternehmen ein. 1892 werden die ersten Steiff-Puppen hergestellt. 1902 entwickelt ein Neffe von Margarethe einen Spielbär mit zottigem Mohairfell. Am Erfolg des Steiff-Bären und an seinem späteren Namen ist der amerikanische Präsident Roosevelt maßgeblich beteiligt, dessen Spitzname »Teddy« lautet. Die Leipziger Messe 1903 bringt den Durchbruch: In diesem Jahr werden 12 000 Steiff-Teddybären verkauft. Steiff wird eine Weltmarke. Ab 1904 erhält jedes Steiff-Tier einen Knopf im Ohr. Margarethe Steiff stirbt 1909.

Albert Einstein

Deutscher Physiker, ab 1940 amerikanischer Staatsbürger. Geboren 1879 in Ulm. Nach einer Tätigkeit am Patentamt in Bern (1902-1909) ist er Professor für theoretische Physik in Zürich, Prag und wieder Zürich. 1914 geht er an die Preußische Akademie der Wissenschaften nach Berlin und wird dort gleichzeitig Direktor des Kaiser-Wilhelm-Instituts für Physik. 1933 emigriert er in die USA und arbeitet bis zu seinem Tode 1955 am Institute for Advanced Study in Princeton.

Einige seiner Arbeiten revolutionieren die Grundlagen der Physik. Er wird zum bedeutendsten Physiker des 20. Jahrhunderts: 1905 die spezielle Relativitätstheorie, das Gesetz von der Trägheit der Energie. 1907 Gesetz von der allgemeinen Äquivalenz von Masse und Energie. 1914-1916 allgemeine Relativitätstheorie. Diese ändert die jahrhundertalten Anschauungen über die Struktur des physikalischen Raumes grundlegend. Einstein legt die Grundlagen für die Quantentheorie, wofür er 1921 den Nobelpreis für

Physik erhält. Der Nachweis der von der allgemeinen Relativitätstheorie vorhergesagten Lichtablenkung im Gravitationsfeld durch britische Sonnenfinsternisexpeditionen 1919 bringt Einstein weltweiten Ruhm ein.

Seit 1920 ist die Relativitätstheorie heftigen Angriffen ausgesetzt, die meist auf antisemitischem Hintergrund beruhten. Einstein nimmt von einem pazifistischen Standpunkt aus mutig Stellung zu brisanten politischen Fragen. 1939 weist er den amerikanischen Präsidenten Roosevelt auf die Möglichkeit der Atombombe hin, an deren Entwicklung er aber nicht beteiligt ist. Nach dem Zweiten Weltkrieg warnt er vor den Gefahren der Atomwaffen und setzt sich für eine Weltregierung und für die Bewahrung der intellektuellen Freiheit ein.

Paul Schneider

Deutscher Pfarrer. Geboren 1897 in der Nähe von Bad Kreuznach. Als Gemeindepfarrer ab 1934 in Dickenscheid (Rhein-Hunsrück-Kreis) arbeitet er für die evangelische Bekennende Kirche, die sich der Herrschaft Hitlers über die Kirche verweigert. Daraufhin wird er aus dem Rheinland ausgewiesen und wegen seines Widerstandes gegen diesen Befehl – er will seine Gemeinde nicht allein lassen – 1937 ins KZ Buchenwald eingeliefert. Dort setzt er seine Predigttätigkeit aus der Zelle heraus fort, trotz schwerer Misshandlungen und Krankheit. Er stirbt 1939 an den Folgen schwerer Prügel und einer überdosierten Strophantinspritze, in seinem Glauben ungebrochen. Viele Gefangene berichten später unabhängig von ihrer eigenen religiösen Einstellung, wie viel seine Predigten ihnen bedeutet haben. Er gilt als einer der glaubwürdigsten deutschen Zeugen für die christliche Hoffnung und Liebe im 20. Jahrhundert. Seine Frau Margarethe gibt nach dem Zweiten Weltkrieg seine Aufzeichnungen und Briefe heraus (»Der Prediger von Buchenwald«).

BIBELSTELLENVERZEICHNIS

Bibelzitate und Anspielungen auf Bibeltexte, für die es im Text keine Stellenangaben gibt:

Salomo	S. 9:	1. Samuel 28,7-25
	S. 11:	2. Samuel 7; 1. Chronik 28,11-29,8; 28,3+6
	S. 12:	1. Könige 10,22
Jona	S. 15-16:	Jona 1
	S. 17:	Jona 2-3
Alexander der Große	S. 32:	2. Samuel 5,17-25; 21,15-22; 8,1; 1. Chronik 18,1; 2. Samuel 10; 11,1; 12,26-31
	S. 32-33:	1. Samuel 22,1-2; 2. Samuel 15
Josef	S. 37-39:	Matthäus 1; Lukas 2; 1. Mose 3,15; 49,10; 4. Mose 24,17
	S. 40:	Matthäus 2,13-18
Paulus	S. 42:	Apostelgeschichte 22,3
	S. 46:	Römer 3,12
	S. 47:	1. Korinther 15,3-4; 2. Korinther 5,20; Philipper 2,11
Friedrich II.	S. 58:	2. Samuel 15
Luther	S. 62:	Römer 1,17
Bach	S. 78:	1. Samuel 16,23
Steiff	S. 97:	1. Samuel 17,34-36
Einstein	S. 102:	Johannes 8,58
	S. 103:	Psalm 90,4
Schneider	S. 109:	Johannes 11,25; 8,12

Eckart zur Nieden

Hotel am Pestturm
Erzählungen

160 Seiten, Geschenkband, gebunden, Bestell-Nr. 224 660

Der »Konzertleser« ist nur einer von mehreren Patienten im Wartezimmer. Diese Menschen sind so verschieden wie die Bücher, die sie lesen: der Jugendliche mit seinem Comic, die Frau mit ihrem Fantasy-Roman und der Priester mit der Bibel. Fasziniert beobachtet der Erzähler sie, lauscht ihren Äußerungen und verfolgt das Gespräch, das sich entwickelt – über die Phantasie, über persönliche Erfahrungen und über die Wirklichkeit.

Mit sicherer Hand und gewohnter Sensibilität zeichnet Eckart zur Nieden in den sechs Erzählungen dieses Bandes seine Charaktere, erweckt sie zum Leben und zieht den Leser hinein in das Geschehen, in das Denken und Fühlen der Menschen, die er beschreibt.

Jürgen Mette (Hrsg.)

Impulsbuch Offener Gottesdienst
Material für Gottesdienste mit Kirchendistanzierten

224 Seiten, ABCteam-Paperback, Bestell-Nr. 111 147

Gottesdienste müssen nicht langweilig, konventionell und für Außenstehende undurchschaubar sein. Das zeigen diese Entwürfe für Gottesdienste mit kirchendistanzierten Menschen, die von verschiedenen Gemeinden zwischen Ulm und Bremen erarbeitet und erprobt wurden. Sie bieten Theaterstücke, Interviews, Aktionen, Symbole, Predigtskizzen, Liedvorschläge und vieles mehr. Mitgearbeitet haben die Gemeinden von GO SPECIAL, OASE, STOP AND GO, THOMASMESSE und andere. Die Zielgruppe sind kirchendistanzierte Erwachsene etwa zwischen 25 und 45 Jahren. Hier können sich Gemeinden von den jeweiligen Ideen und Erfahrungen anderer inspirieren lassen.

R. BROCKHAUS VERLAG WUPPERTAL